☐ 2020年度国家一流本科专业建设成果

☐ 中南民族大学学术创新团队项目（项目编号：XTS24023）成果

☐ 国家民委高等教育教学改革研究项目"基于 PDCA 模式的行政管理国家一流专业建设研究"（项目编号：21011）成果

☐ 中央高校基本科研业务费专项资金资助项目"新媒体时代民族高校大学生中华民族共同体意识培育成效研究"（项目编号：CSY21016）成果

☐ 校级重点教学改革研究项目"新青年全球胜任力人才培养'三力'模式研究"（项目编号：JYWT22004）成果

THEORY AND PRACTICE OF CULTIVATING PUBLIC MANAGEMENT
TALENTS IN ETHNIC UNIVERSITIES IN THE CONTEXT
OF NEW LIBERAL ARTS

胡新丽 ◎著

新文科背景下民族院校公共管理人才培养理论与实践

中国·武汉

内容提要

"为谁培养人、培养什么人、怎样培养人"是民族院校公共管理人才培养的核心。我们坚持党的领导,立德树人,为党育人、为国育才,探索中国特色人才培养路径。本书通过中南民族大学等院校的实践,总结了"综合改革试点""国家一流专业建设"等经验,重点阐述了以铸牢中华民族共同体意识为主线的西部卓越行政管理人才实验班和旨在培养具有家国情怀与全球竞争力的新青年全球胜任力实验班的相关经验。通过对这些实践案例的深入分析和研究,本书探讨了公共管理人才培养的客观规律与特点,为新文科背景下的民族院校提供了理论与实践指导。本书旨在为民族地区培养具备家国情怀、铸牢意识及精通政经管法之道的专业治理人才,为国家发展贡献力量。

图书在版编目(CIP)数据

新文科背景下民族院校公共管理人才培养理论与实践/胡新丽著.—武汉:华中科技大学出版社,2024.5
ISBN 978-7-5772-0433-8

Ⅰ.①新… Ⅱ.①胡… Ⅲ.①民族学院-公共管理-人才培养-研究-中国 Ⅳ.①D63-4

中国国家版本馆 CIP 数据核字(2024)第 107931 号

新文科背景下民族院校公共管理人才培养理论与实践　　　　胡新丽　著
Xinwenke Beijing xia Minzu Yuanxiao Gonggong Guanli Rencai Peiyang Lilun yu Shijian

策划编辑:	张馨芳
责任编辑:	苏克超
封面设计:	廖亚萍
责任校对:	张汇娟
责任监印:	周治超
出版发行:	华中科技大学出版社(中国·武汉)　　电话:(027)81321913
	武汉市东湖新技术开发区华工科技园　　邮编:430223
录　　排:	华中科技大学出版社美编室
印　　刷:	湖北恒泰印务有限公司
开　　本:	710mm×1000mm　1/16
印　　张:	12.75　插页:2
字　　数:	257千字
版　　次:	2024年5月第1版第1次印刷
定　　价:	78.00元

本书若有印装质量问题,请向出版社营销中心调换
全国免费服务热线:400-6679-118　竭诚为您服务
版权所有　侵权必究

目 录

第一章 绪论 ………………………………………………………………… 1
 第一节 研究背景 ……………………………………………………… 1
 第二节 新文科背景下民族院校人才培养的意义 …………………… 9
 第三节 研究方法 ……………………………………………………… 12

第二章 新文科背景下民族院校公共管理人才培养目标定位 ………… 15
 第一节 民族院校公共管理人才培养的三维要素 ………………… 15
 第二节 民族院校公共管理人才培养目标定位的具体案例 ……… 22

第三章 新文科背景下民族院校公共管理类专业的课程体系 ………… 25
 第一节 公共管理全过程课程思政 ………………………………… 25
 第二节 公共管理全周期课程体系 ………………………………… 28
 第三节 公共管理协同型课程支持平台 …………………………… 32

第四章 新文科背景下民族院校公共管理教学方法 …………………… 39
 第一节 公共管理教学方法改革的原因 …………………………… 40
 第二节 公共管理人才培养的教学思路与方法 …………………… 42
 第三节 公共管理人才教学方法改革创新 ………………………… 46

第五章 新文科背景下民族院校公共管理人才的实践能力培养 ……… 50
 第一节 实践教学在我国公共管理人才培养中的重要性 ………… 50
 第二节 公共管理多维度实践教学体系的构建 …………………… 54
 第三节 实践教学在公共管理人才培养中存在的问题 …………… 70

第四节 以高质量就业为导向的公共管理实践路径 …………… 71

第六章 新文科背景下民族院校公共管理人才的制度保障措施 …… 74
 第一节 公共管理人才培养的制度建设 ……………………… 74
 第二节 公共管理人才培养的保障措施 ……………………… 79
 第三节 公共管理人才培养的监控体系 ……………………… 83

第七章 中南民族大学教学改革案例 ……………………………… 88
 第一节 案例一：以铸牢为主线的西部卓越行政管理人才实验班 …… 88
 第二节 案例二：聚焦家国情怀和全球竞争力的新青年全球胜任力
     实验班 …………………………………………………… 102

主要参考文献 ……………………………………………………… 115

附录一 行政管理卓越班教学计划 ………………………………… 117

附录二 西部行政管理卓越班班级建设方案 ……………………… 145

附录三 中南民族大学行政管理专业教学方法创新的典型案例 …… 150

附录四 中南民族大学学科竞赛级别等次划分目录 ……………… 176

附录五 新文科背景下民族院校的卓越计划及基本概况 ………… 184

附录六 民族院校培养目标、培养模式、核心课程及就业方向 …… 189

第一章

绪论

第一节 研究背景

民族院校是我国高等教育的重要组成部分,是我国政府为解决民族问题而建立的综合性高等院校,其主要目的是为我国民族地区培养更多高素质人才,传承、弘扬和创新民族优秀文化,为铸牢中华民族共同体意识(以下简称"铸牢意识")提供理论支撑和政策参考。民族院校具有普通高等院校的共性,又具有独特的个性,其在我国高等教育当中占据着重要的地位。[①]"为谁培养人、培养什么人、怎样培养人"始终是教育的根本问题,如何坚持党的领导,落实立德树人根本任务,走出一条中国特色的民族院校人才培养之路?首先需要分析新文科背景下民族院校公共管理人才培养的研究背景,具体包括政策背景、行业背景和社会背景等。

一、新文科背景下民族院校人才培养的政策背景

改革开放以来,市场经济推动我国总体经济快速增长,经济水平进入健康发展状态,并呈现出持续稳定的增长趋势。我国加入 WTO(世界贸易组织)后,经济和文化的发展对从事一线技术开发应用和生产管理工作的应用型人才的需求

---

① 张建新. 现代大学治理视角下民族院校行政管理的优化研究 [J]. 贵州民族研究,2018,39(9):214-217.

更加迫切。随着生产方式的转变，知识和技术密集型产业不断出现，社会对人才的需求最终向多元化转变。除了部分顶尖研究开发型人才以外，社会更渴望大量拥有扎实理论基础、熟练的实际操作能力和解决现实问题能力以及创新思维的应用型人才。

2010年，《国家中长期教育改革和发展规划纲要（2010—2020年）》在提升高等教育质量中提出，实施基础学科拔尖学生培养试验计划和卓越工程师、医师等人才教育培养计划。在高等教育人才培养中提出，优化学科专业、类型、层次结构，促进多学科交叉和融合。重点扩大应用型、复合型、技能型人才培养规模。同时在民族教育中提出，加快民族教育事业发展，对于推动少数民族和民族地区经济社会发展，促进各民族共同团结奋斗、共同繁荣发展，具有重大而深远的意义。积极发展民族地区高等教育。支持民族院校加强学科和人才队伍建设，提高办学质量和管理水平。2014年，教育部根据《国家中长期教育改革和发展规划纲要（2010—2020年）》，结合民族教育发展需求及现状，制定《全国民族教育科研规划（2010—2020年）》，这一规划指出：少数民族和民族地区教育事业发展事关祖国统一、民族团结、国家安全，事关实现"两个一百年"奋斗目标和中华民族伟大复兴。2015年，国务院出台《关于加快发展民族教育的决定》（国发〔2015〕46号），指出，要制定实施民族院校和民族地区高校学科专业调整规划，培养当地留得住、用得上的应用型、技术技能型人才。

2018年，教育部出台《关于加快建设高水平本科教育 全面提高人才培养能力的意见》（教高〔2018〕2号），提出，围绕高水平本科教育建设，加大政策支持力度，制定实施"六卓越一拔尖"计划2.0等重大项目。其中，"六卓越"是指卓越工程师教育培养计划、卓越医生教育培养计划、卓越农林人才教育培养计划、卓越教师培养计划、卓越法治人才教育培养计划、卓越新闻传播人才教育培养计划。"一拔尖"是指基础学科拔尖学生培养计划。2019年2月，中共中央办公厅、国务院办公厅印发《加快推进教育现代化实施方案（2018—2022年）》，提出建设一流本科教育，深入实施"六卓越一拔尖"计划2.0，实施一流专业建设"双万计划"，实施创新创业教育改革燎原计划、高等学校毕业生就业创业促进计划。《中国教育现代化2035》指出，振兴中西部地区高等教育，提升民族教育发展水平。2019年4月，教育部、科技部、中央政法委、工业和信息化部等在天津联合召开"六卓越一拔尖"计划2.0启动大会。会议强调，按照《加快推进教育现代化实施方案（2018—2022年）》要求，全面实施"六卓越一拔尖"计划2.0，发展新工科、新医科、新农科、新文科，推动全国高校掀起一场"质量革命"，形成覆盖高等教育全领域的"质量中国"品牌，打赢全面振兴本科教育攻坚战，这标志着我国新文科建设正式开启。

新时代新使命要求文科教育必须加快创新发展，坚持中国特色的文科教育发展之路，构建世界水平、中国特色的文科人才培养体系。2020年11月，教育部发布《新文科建设宣言》，对新文科建设进行全面部署。党的二十大报告提出，加强基础学科、新兴学科、交叉学科建设，加快建设中国特色、世界一流的大学和优势学科。2022年，习近平总书记在清华大学考察时强调，对现有学科专业体系进行调整升级，瞄准科技前沿和关键领域，推进新工科、新医科、新农科、新文科建设，加快培养紧缺人才。2023年3月，《教育部高等教育司2023年工作要点》提出，以习近平新时代中国特色社会主义思想为指导，全面贯彻、落实党的二十大精神，把握高等教育发展的新定位、新部署、新要求、新任务，加快新工科、新医科、新农科、新文科建设。新文科将成为高等学校文科专业建设的重要指导理念。

新文科具有世界性、民族性、跨学科性、统一性等特征（见表1-1）。

表1-1 新文科特征

新文科特征	特征表现
世界性	吸收前沿知识，贡献中国智慧
民族性	汲取传统文化力量，形成国家民族自觉
跨学科性	学科交叉专业集群，工农医文交叉
统一性	知识与价值统一，理论与实践统一

本书基于以上国务院及教育部等部门出台的系列政策，针对公共管理人才培养需求，提出"新文科背景下民族地区公共管理人才培养模式"，创新性提出"政治素质过硬（党建引领）-铸牢中华民族共同体意识（铸牢主线）-国际视野拓展（本土国际化）-政经管法融合（学科交叉）-专业能力提升（三力三业）"的公共管理人才培养模式，并提出相应的实践路径及实施保障体系。这一公共管理人才培养模式为我国培养创新型高素质公共管理人才提供了理论与实践支持，丰富了高等教育人才培养改革的研究内容，为公共管理人才培养改革与创新进行了有益的探索。

1. 坚持立德树人，强化政治引领

新文科理念下的公共管理专业建设要从新的时代背景、人才培养目标与专业自身特征进行合理考量，既要回应新技术革命所产生的新问题，又要回应新时代中国国家治理问题；既要培养行政管理专业人才，又要承担立德树人根本任务。行政管理专业本科教学中，我们要突出课程思政的实效性，以更好地体现教育的立德树人目标，铸牢中华民族共同体意识。

2. 加强实践应用，服务国家需求

实践教学的最终目的是培养符合社会需求的人才，如何将需求驱动和能力导向的实践教学与服务民族地区经济社会发展有机结合，在提升学生核心能力的同时，提前融入到民族地区互联网＋政务服务和民族团结工作中，深度服务国家战略需求。大学对人才的培养需要更加与社会实际相结合，适应市场需求，因此人们越来越注重某一专门职业的培养。根据发达国家工业化和现代化所得出的经验和提供的数据反映，社会经济发展对人才需求的趋势最终呈现"橄榄型"，即对高端学术型人才和低端劳动者的需求量仅占少数，而对掌握基础理论知识和拥有一定实际动手能力的应用型人才的需求占大部分。我们需要根据国家战略需求和民族地区实际需求，探索一条以就业需求为导向、以能力素质为核心、以实践应用为驱动的人才培养之路。

3. 回应现实需求，注重数字化人才培养

当前人工智能、移动互联网、区块链、大数据等新技术在为经济发展、社会进步以及全球治理带来便利的同时，也给政府管理带来了新的挑战与威胁。例如，人工智能嵌入政府治理所引发的行政伦理、隐私泄露等问题，与无人驾驶技术相配套的公共管理、政策标准等问题。如何深化"放管服"改革，优化营商环境，实现政府治理体系和治理能力现代化？行政管理专业人才培养还要从新的时代背景出发，回应新技术革命所产生的新问题，回应新时代中国国家治理问题，在课程设置、教学内容、实践应用中都需要对新问题有所回应。

4. 推进分类培养，提升能力素质

由于地区经济社会发展水平的不平衡，教育资源分布的差异，以及学生自身的差异，学生存在理解和掌握教学内容的差异化问题，我们需要以"因材施教""分组教学"等理论为指导，针对不同层次的学生，不同个性特征与心理倾向，以及不同的知识基础与学习能力，设计不同层次的教学目标，运用不同的方法进行分层教学、分类培养，推动每位学生的成长，有效解决生源基础不平衡问题。针对学生的能力差异，我们需要提升学生不同层级的能力素质，包括基础的办文办会办事（简称"三办"）能力，合作力、组织力、创新力（简称"三力"）素质，以及强方法、通英语、厚基础的综合能力。

二、新文科背景下民族院校人才培养的行业背景

从教育部发展规划司2010—2021年教育统计数据来看，我国少数民族学生（简称"民族学生"）中，民族研究生、民族本专科生、民族成人本专科生以及民族网络本专科生的数量呈逐年增长的趋势（见表1-2和图1-1）。2021年，全国在校少数民族大学生约有500万人，这些少数民族大学生是各民族的精英代表，大多数学生完成学业后会回到民族地区参与经济建设和社会发展工作，其政治素养、知识水平、实践能力等将在很大程度上影响民族地区的发展，甚至关系到我国各民族间关系乃至国家的稳定发展。

表1-2　2010—2021年我国高等院校民族学生的数量　　（单位：人）

年份	民族研究生	民族本专科生	民族成人本专科生	民族网络本专科生
2021	192881	3580022	616653	614037
2020	175001	3289489	607246	594068
2019	156604	2988699	581903	600115
2018	138593	2697534	529290	578550
2017	127995	2488788	495838	518017
2016	115321	2318212	506509	455791
2015	109704	2142946	529264	402330
2014	104674	1992383	529467	383271
2013	107392	1844503	502741	371979
2012	99441	1779591	454351	322733
2011	93623	1688365	392778	198642
2010	76630	1508295	331081	198172

（数据来源：教育部发展规划司2010—2021年统计数据。）

三、新文科背景下民族院校人才培养的社会背景

为积极推行《国家中长期教育改革和发展规划纲要（2010—2020年）》《国家中长期人才发展规划纲要（2010—2020年）》《全国民族教育科研规划（2010—2020年）》，2010年起，教育部开始启动卓越计划人才培养项目工程，与中国工程院、中央政法委、卫生部、中宣部等共同推出了卓越工程师、卓越律师、卓越医师、卓越教师等卓越人才培养计划，致力于规范和带领高等教育面向

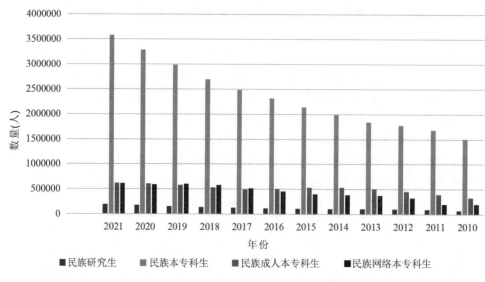

图 1-1 2010—2021 年高等院校民族学生的数量分布

社会设计人才培养内容、提高人才培养质量、改变人才培养结构、推动教育教学改革、增强学生就业能力。2017 年 5 月，教育部采用一些新办法加快实施"六卓越一拔尖"人才计划，加大力度培育高素质人才。"六卓越一拔尖"人才计划是卓越工程师、卓越农林人才、卓越医生、卓越法治人才、卓越新闻传播人才以及基础学科拔尖学生培养试验计划的集合。2020 年的《新文科建设宣言》，2022 年的《国家"十四五"期间人才发展规划》《面向 2035 高校哲学社会科学高质量发展行动计划》，2023 年的《普通高等教育学科专业设置调整优化改革方案》等，这些纲领性文件推动了新时代高校新文科"质量革命"，成为我国高等教育改革的突破口和新方向。新文科的核心内涵主要体现为：一是学科交叉与深度融合；二是对能力的强调。

我国民族地区公共管理工作面临特殊性与复杂性，民族地区公共管理与民族文化相互交织，与我国民族团结与政治稳定紧密关联。为加快民族地区经济社会发展，促进民族团结与政治稳定，我国民族地区急需一批素质高、能力强的行政管理人才，而这些人才主要来源于民族院校。民族院校是党和国家为解决国内民族问题而建立的综合性普通高等院校，现阶段民族院校分为两大类：中央部（委）属民族院校（即国家民族事务委员会直属院校）和地方民族院校，这些民族院校响应国家政策，纷纷推行卓越计划和新文科人才培养项目。为全面梳理新文科背景下民族院校的基本概况，笔者在教育部政府门户网站上查询全国高等学校名单并查询"民族"，排除了部分没有公共管理类专业或没有新文科和卓越计划实践的院校，最后的结果如表 1-3 所示。

表 1-3　新文科背景下民族院校的卓越计划及基本概况（局部）

民族院校排名	学校名称	全国排名	星级排名	办学层次	主管部门	所在地	新文科项目和卓越计划
1	中央民族大学	85	6星级	世界高水平大学（特色）	国家民委	北京	"民族学、社会学、考古学交叉培养复合型人才的创新与实践"等7个新文科项目。开展少数民族卓越法治人才、卓越新闻传播双语人才试点
2	云南民族大学	130	5星级	中国一流大学（特色）	云南省	云南	"网络与新媒体"专业、"社区矫正"专业、"信息安全"专业等试点专业，卓越法治人才、卓越电气信息工程人才、卓越工程师
3	中南民族大学	134	5星级	中国一流大学（特色）	国家民委	湖北	"新文科背景下民族院校公共管理类专业人才培养创新与实践""国际化复合型人才培养实践"等4个新文科项目。少数民族卓越法治人才、西部少数民族卓越行政管理人才
4	西南民族大学	159	4星级	中国高水平大学	国家民委	四川	"新时代民族学人才培养模式的创新实践""基于文旅融合的链条式育人机制探索与实践"等3个新文科项目，卓越工程师、卓越法治人才
5	北方民族大学	198	2星级	区域高水平大学	国家民委	宁夏	新文科背景下民族高校商科专业融合创新人才培养模式研究，卓越工程师、卓越法治人才

续表

民族院校排名	学校名称	全国排名	星级排名	办学层次	主管部门	所在地	新文科项目和卓越计划
6	西北民族大学	219	4星级	中国高水平大学	国家民委	甘肃	"新闻学卓越班复合型人才培养创新与实践""新文科背景下民族学专业的改造提升改革与实践研究"等3个新文科项目，卓越新闻传播人才、卓越农林人才
7	青海民族大学	219	2星级	区域高水平大学	青海省	青海	新文科背景下外语学科专业建设和创新，新增"金融科技"新文科试点专业，卓越法治人才培养、卓越网络工程师培养
8	广西民族大学	223	4星级	中国高水平大学	广西壮族自治区	广西	构建新时代边疆民族地区汉语言文学专业拔尖创新人才培养模式，中文类专业新文科教育教学，卓越写作人才、卓越广告人才
9	西藏民族大学	231	2星级	区域高水平大学	西藏自治区	西藏	"服务国家治藏方略的新文科拔尖人才培养创新模式改革与实践"获新文科项目立项，探索新文科背景下西藏高校写作类课程群建设，卓越医生教育培养计划试点
10	内蒙古民族大学	236	3星级	区域一流大学	内蒙古自治区	内蒙古	中国少数民族汉语言文学"专业综合改革试点"建设项目，新设"中医学"和"助产学"专业，卓越医生（中医）教育培养计划

续表

民族院校排名	学校名称	全国排名	星级排名	办学层次	主管部门	所在地	新文科项目和卓越计划
11	贵州民族大学	280	2星级	区域高水平大学	贵州省	贵州	成立"新文科数字社会学实验班"、探索新文科背景下民语专业建设与民汉双语人才培养,卓越法治人才教育
12	湖北民族大学	291	2星级	区域高水平大学	湖北省	湖北	人工智能时代新文科跨界融合探索,培养应用型创新新闻人才,卓越农林人才教育,卓越(中医)教育培养
13	大连民族大学	390	3星级	区域一流大学	国家民委	辽宁	数字经济背景下应用型商科专业改造提升改革与实践,卓越工程师

（数据来源：2023全国民族类大学最新排名，新文科项目和卓越计划一栏来源于各个院校的官方网站，节选部分院校，完整表格见附录五。）

第二节　新文科背景下民族院校人才培养的意义

我国民族院校多年来已形成传统优势学科，如民族学、民族史、宗教学、民族语言、民族艺术、民族医药等[①]，而行政管理专业在各个民族院校已经开设，但还是相对比较薄弱的学科。新文科背景下民族院校开始推行卓越计划人才培养项目，但主要以卓越法治人才、卓越工程师、卓越农林人才、卓越新闻传播人才、卓越医生、卓越教师培养为主，只有极少数院校侧重于卓越行政管理人才培养。民族院校公共管理人才培养是民族院校大学生自身发展的需要、民族地区发展的需要和民族团结与国家稳定的需要。

---

① 陈达云. 民族院校"双一流"建设思考［J］. 中南民族大学学报（人文社会科学版），2016，36（3）：1-4.

一、民族院校大学生自身发展的需要

因为风俗习惯、文化、语言等差异,少数民族大学生进入中东部民族院校后,往往面临着全新的风俗、文化和语言环境。民族院校作为不同民族之间交往交流交融的场域,能为少数民族大学生提供补偿性学习的场所。民族院校实施一系列卓越人才培养项目,包括卓越行政管理人才培养项目,有助于满足少数民族大学生自身发展的需要。

公共管理人才培养项目能提升少数民族大学生就业竞争力。就业竞争力包含两个重要的能力,即语言能力和专业技能。少数民族大学生在进入民族院校之前,大多都学习和使用本民族语言,对国家通用语言和国际语言学习不足。笔者在课程教学调研中发现,来自新疆、西藏等地区的少数民族大学生认为自己的汉语比从前有所提高,但完全用汉语听课和阅读,还是有困难。语言技能较弱,影响到少数民族大学生与其他学生和教师的语言沟通,也影响到专业知识和专业技能的学习,这就削弱了少数民族大学生的就业竞争力。随着招聘体制的完善和规范,应聘者需要通过统一的考试(包括面试),一些企业以利益最大化为指导,注重经济效益,不愿投入更多的成本去提升少数民族大学生的知识储备和职场技能。卓越行政管理人才培养项目注重学生的语言能力培养,开设了"现代汉语""阅读与写作""普通话口语训练"等语言类课程,"民族文化传播""中国民俗文化与旅游"等文化类课程,以及"大学生职业生涯与发展规划""就业指导"等实用指导类课程。在课外还增加系列读书会活动,再过渡到专业课程的阅读,提升学生的写作能力和沟通能力,加强少数民族大学生对其他民族尤其是非少数民族的文化、习俗等的学习,避免文化冲突,提升少数民族大学生的语言技能和就业竞争力。

卓越行政管理人才培养项目有助于提升少数民族大学生的"双创"能力。2015年国务院出台《关于大力推进大众创业万众创新若干政策措施的意见》后,理论界和实践界开始关注少数民族大学生的创新创业研究,研究主要包括少数民族大学生创新创业的意义,少数民族大学生创新创业意识、创新创业动力和存在的问题以及优化对策等。有学者认为少数民族大学生创新创业的最主要问题是相关教育体系不够健全。在"一带一路"建设和"创新创业"的发展机遇下,面临语言基础薄弱、创新创业教育针对性不足、对文化附加值的挖掘不足等挑战。卓越行政管理人才培养目标通过语言类、文化类课程以及系列读书会,有助于解决少数民族大学生语言基础薄弱和对文化附加值的挖掘不足的问题。在创新创业教育方面,民族院校纷纷通过大学生创新创业部门或俱乐部等营造创新创业氛围。中南民族大学2005年3月成立创新创业中心,2015年1月组建创新教育研究中心，2017年1月开设学校创新创业学院，推进创新创业教育和实践活动，激发大学生创新创业热情，挖掘和孵化有潜力的创业项目。目前，已建成"大学生创业孵化示范基地""大学生创新创业俱乐部""石榴籽大学生创梦空间""聚哈子大学生创业实训基地""智点道大学生创业实训基地""烽火创新谷大学生创业实训基地"等10余个校内外"双创"实训基地。同时，学校还实施"3+2"双创学分管理体制，创立了系列创业社团，包括大学生创新创业俱乐部、KAB创新创业协会、新锐狮、创明等，旨在"培育民族创新创业人才"，重点营造校园创新创业氛围、普及创新创业知识、帮扶创新创业活动。这有助于培养少数民族大学生的创新能力、创新意识和创业技巧。

二、民族地区发展的需要

习近平同志指出，民族地区具有集"六区"于一身的特点，即民族地区是我国的资源富集区、水系源头区、生态屏障区、文化特色区、边疆地区、贫困地区。这是从区域地理的角度概括了民族地区集"六个区"于一身的特点。我们需要根据民族地区的特点和实际需要，培养和输送急需的人才，从而推动民族地区经济社会发展，有助于补齐民族地区治理短板，提升民族地区治理能力现代化。

民族院校公共管理人才培养有助于提升民族地区经济社会发展水平。人才是加快民族地区经济发展的关键因素，而人才匮乏是制约民族地区发展的最大瓶颈，是造成民族地区和中东部地区差距拉大的最主要原因。人才对民族地区的快速发展与和谐稳定起推动作用。民族院校服务民族地区经济和社会发展，为民族地区培养和输送人才。民族院校卓越人才培养项目为民族地区培养法治、工程师、农林、医生、教师、管理等专业人才。这些人才回流到民族地区，会成为民族地区的"精英"或"佼佼者"，他们可以将专业知识化为财富，将专业技能运用到民族地区的科教文卫等诸多领域，以及生产、销售、网上平台宣传、管理等，对民族地区经济和社会发展起到带头作用，成为民族地区的楷模，具有示范作用和影响力，从而推动民族地区经济和社会的发展。

民族院校公共管理人才培养有助于提升民族地区治理能力现代化。国家治理体系和治理能力现代化的提出，社会治理问题的凸显，都急需大量公共管理尤其是卓越行政管理人才。民族地区的地方经济、文化发展相对滞后，治理难度更大，民族地区边境区治理、民族地区流动人口管理和服务、民族地区宗教事务治理、民族地区精准扶贫等，都需要一批卓越行政管理人才提供更优的管理与服务，从而全面提升民族地区治理现代化水平。而民族地区尤其是基层行政管理部门、山区及偏远地区行政管理专门人才更是缺乏，远远不能适应民族地区经济社会发展的需要。民族院校少数民族大学生是民族地区的优秀人才，他们是助推民族地区治理能力现代化的关键力量。因此，应注重民族院校少数民族大学生的培养，通过理论和实践课程增强学生的基础能力——办文、办会、办事的能力，中级能力——调查研究能力、依法行政能力、公共服务能力、危机处理能力，以及高级能力——领导力、决策力、协调力、应变力、创新力，从而增强少数民族大学生的行政管理知识、社会治理能力和社会服务技能，推动民族地区治理现代化。

三、民族团结和国家稳定的需要

民族院校公共管理人才培养有助于民族团结和国家稳定。我国是一个统一的多民族国家，在整个历史演进中，我国始终追求民族团结和国家稳定。2019年9月，习近平总书记在全国民族团结进步表彰大会上指出，我国大散居、小聚居、交错杂居的民族人口分布格局不断深化，呈现出大流动、大融居的新特点。民族团结是指各民族之间和民族内部的团结。① 新形势下影响民族团结的新情况新问题日益显现，尤其是暴力恐怖势力、民族分裂势力以及宗教极端势力对我国民族团结产生严重的危害。民族院校是维护民族团结的重要场域，通过民族院校的各民族师生交往交流交融，营造民族团结的良好氛围，潜移默化地影响师生的价值观，使师生在心理思维上有民族情感和国家认同，牢固树立正确的祖国观、民族观、文化观、历史观，铸牢中华民族共同体意识，努力成为建设伟大祖国、建设美丽家乡的有用之才、栋梁之材，为促进民族团结进步、实现共同繁荣发展做出应有贡献（孙翠翠，2015）。民族院校培养一批具有创新管理能力的少数民族公共管理人才，有助于推动民族地区的经济、政治、文化等发展，有助于促进民族团结和国家稳定。

第三节 研究方法

本研究运用政治学、社会学、经济学、教育学等学科，涵盖实证研究，注重社会调查、案例分析、比较分析等方法的综合应用，通过宏观理论与微观实践分析、静态观测与动态观察分析展开研究。具体研究方法如下。

---

① http://www.xinhuanet.com/politics/leaders/2019-09/27/c_1125049000.htm.

一、文献分析法

为梳理新文科背景下民族院校公共管理人才培养经验、培养模式和实践做法等相关研究成果,充分了解公共管理人才培养的前沿文献,本研究充分利用图书馆和网络资源,对有关期刊、相关著作等学术资料和最新数据进行查找、收集、阅读、分析,采用文献调研的方法,寻找并获取相关线索,使得所研究的理论、概念更为准确,为研究提供坚实而可靠的文献基础。本研究重点以中国学术期刊网络出版总库(CNKI)为文献数据来源进行高级检索,来源期刊限定为"北大核心"和"CSSCI 期刊"。检索条件分别为:主题="新文科"and"公共管理人才"or 主题="民族院校";时间跨度=2001-2021;期刊来源=北大核心、南大核心 CSSCI;检索条件=精确。共获得相关文献 1329 篇。手动剔除目录、书评、会议纪要、学术研讨会综述、期刊征稿通知、新闻报道等非研究型文献,以及与"新文科民族院校公共管理人才"主题不符的文献,最终筛选出 89 篇有效期刊论文。

二、比较分析法

通过对我国社会人才需求的变化发展、高等教育改革的历程进行分析,说明我国对公共管理人才培养的迫切性及改革的必要性。根据我国高校公共管理专业改革的历史及现状,结合中南民族大学改革实际,对公共管理人才培养进行系统阐释和剖析,为普通高校深化公共管理专业改革做出贡献。通过对不同地区和国家公共管理人才培养的比较,总结和归纳各自的优点和不足,在借鉴国内外培养经验的基础上,依据民族院校的实际情况进行调整,使公共管理人才培养模式更加科学化、本土化。

三、实证分析法

注重对不同地区院校人才培养实践与实地经验的分析与提炼,在全国各地区的民族院校有针对性地选择若干具有成功经验的典型做法,从人才培养需求、培养理论、培养实践等多方面对公共管理人才培养机制进行分析。同时以学术文献和实践调研为研究对象,从定量的视角分析文献规律,呈现一个研究领域的演进历程,运用 Pajek、VOSviewer、Bibexcel 等工具,利用 CiteSpace 软件绘制出研究者合作网络和研究机构合作网络图,进而分析作者与机构的合作关系及其代表性观点。此外,还可以进行关键词分析、关键词聚类、热点词时区图等功能,通过可视化呈现当前的研究热点和演进路径。

四、经验总结法

全面掌握中南民族大学等院校的实践模式,通过"综合改革试点""国家一流专业建设""新青年全球胜任力人才培养""西部卓越人才培养"等实践做法,已经梳理了大量典型经验材料,研究公共管理人才培养的客观规律与特点。对新文科背景下民族院校公共管理人才培养理论与实践进行总结,为探索中国特色的民族院校公共管理人才培养总结经验,为民族地区输送有高度家国情怀、有强烈铸牢意识、精通政经管法之道、有扎实专业基础知识的治理人才。

第二章

新文科背景下民族院校公共管理人才培养目标定位

第一节 民族院校公共管理人才培养的三维要素

"为谁培养人、培养什么人、怎样培养人"始终是民族院校公共管理人才培养的根本问题。我们要坚持党的领导，落实立德树人根本任务，坚持为党育人和为国育才，走出一条中国特色的民族院校培养新路。"为谁培养人"是价值维，其重点是为国家强盛和民族复兴培养治国理政人才。"培养什么人"是目标维，重点培养精通政经管法之道、具备治理之才的人；"怎样培养人"是机制维，以立德树人为宗旨，以能力提升为核心。民族院校公共管理人才培养的三维要素如图 2-1 所示。

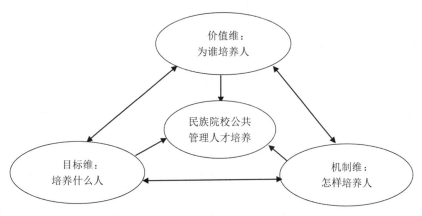

图 2-1 民族院校公共管理人才培养的三维要素

作为价值维的"为谁培养人",重点为国家强盛和民族复兴培养治国理政人才。正如 2023 年 6 月,习近平总书记在中国人民大学考察时所强调的,哲学社会科学工作者要做到方向明、主义真、学问高、德行正,自觉以回答中国之问、世界之问、人民之问、时代之问为学术己任,以彰显中国之路、中国之治、中国之理为思想追求,在研究解决事关党和国家全局性、根本性、关键性的重大问题上拿出真本事、取得好成果。

作为目标维的"培养什么人",重点培养政治素质过硬(党建引领)-铸牢中华民族共同体意识(铸牢主线)-国际视野拓展(本土国际化)-政经管法融合(学科交叉)-专业能力提升(三力三业)的公共管理人才。

作为机制维的"怎样培养人",以价值引领为切入口,以政经管法融合为着力点,以思维训练和能力训练为支撑点,以高质量就业为牵引点,通过全员、全过程、全方位的三全育人,为民族地区输送有高度家国情怀、有强烈铸牢意识、精通政经管法之道、有扎实专业基础知识的治理人才。

培养目标是整个教育教学活动的起点,也是高校人才培养工作的出发点,只有确立科学、合理的培养目标,高校人才培养工作才能顺利进行。行政管理人才培养目标为专业课程体系设置及教学方法选择提供了基本依据和方向。因此,人才培养目标的准确定位决定着民族院校行政管理专业人才培养的质量。从行政管理学科发展来看,基于 20 世纪 80 年代初恢复重建,当时定位为高端学术型培养路线。1998 年,《高等教育法》规定高等教育的任务是培养具有创新精神和实践能力的高级专门人才,发展科学技术文化。因此,公共管理学科的人才培养目标定位于学术型高级专门人才。1997 年,国务院学位委员会和国家教委颁布了《授予博士、硕士学位和培养研究生的学科、专业目录》,新设公共管理一级学科,将行政管理归入公共管理一级学科。1998 年教育部颁布的《普通高等学校本科专业目录和专业介绍》,对行政管理专业人才培养目标的表述是,本专业培养具备行政学、管理学、政治学、法学等方面知识,能在党政机关、企事业单位、社会团体从事管理工作以及科研工作的专门人才。这意味着行政管理专业人才培养目标从学术型转为学术和应用型结合。2012 年,教育部对《普通高等学校本科专业目录》进行了修订,提出了"宽口径、厚基础、重实践、高素质"的本科人才培养要求,这意味着教育的重心从"学历教育本位"转移到"能力教育本位"。同年,教育部《关于全面提高高等教育质量的若干意见》对创新人才培养模式提出要求,加大应用型、复合型、技能型人才培养力度。教育部、国家民委关于高等教育人才培养政策的一系列调整明确了应用型人才培养的目标定位,也为民族院校行政管理专业人才培养指明了方向。

公共管理类专业旨在向党政机关、事业单位和社会组织输送治国理政人才。在全球化和数字化浪潮下,以及实现中华民族伟大复兴、构建人类命运共同体的进程中，传统的公共管理类专业人才培养面临新时代的挑战，[①] 难以满足用人单位对人才的需求。如何培养学生的国际化视野，如何提升学生的数字化素养，如何培育学生的铸牢中华民族共同体意识，成为民族院校公共管理类专业的时代之问。

我国行政管理专业在 1986 年恢复专业招生。1999 年以来，伴随着我国高校的逐步扩招和行政管理体制改革的推进，行政管理专业开始在全国高校中大规模发展起来。据统计，目前国内共有 400 多所普通高等院校设置了行政管理专业，培养层次从专科、本科、硕士到博士，培养目标也从以理论研究为主逐步过渡到以应用为主。民族院校行政管理专业是为民族地区培养和输送行政管理人才的主阵地，创新实践教学模式是加强专业建设和转变人才培养模式的重要任务。[②] 根据中国教育在线的数据，我国有 10 余所民族院校有公共管理学科，具体包括中央民族大学、中南民族大学、云南民族大学、西南民族大学、广西民族大学、西北民族大学、大连民族大学、北方民族大学、贵州民族大学、青海民族大学、西藏民族大学、内蒙古民族大学、湖北民族学院、四川民族学院、广西民族师范学院、贵州民族大学和呼和浩特民族学院等。民族院校培养目标、培养模式、核心课程及就业方向（局部）如表 2-1 所示。

表 2-1　民族院校培养目标、培养模式、核心课程及就业方向（局部）

民族院校	隶属学院	组建时间/年	师资力量/人	院训	培养目标	特色培养模式	培养类别	核心课程	就业方向
中央民族大学	管理学院	2002	69	无	适应经济社会发展和人的全面发展需要，掌握具有高度公共责任感和公共服务精神的基本知识和技能	按类招生，打通培养	应用型、学术型	公共管理学；中国政府与政治；社会科学方法论；公共部门人力资源管理；政府经济学；公共组织理论与管理；公共政策分析；公共部门绩效管理等	党政机关、事业单位、社会组织、企业、大学和研究咨询机构

---

① 许晓东，樊博，汤志伟. 理工科大学公共管理类专业建设的探索与实践 [J]. 中国大学教学，2021（9）：47-52.

② 王强. 民族院校行政管理专业实践教学模式的创新研究 [J]. 民族高等教育研究，2013，1（1）：67-74.

续表

民族院校	隶属学院	组建时间/年	师资力量/人	院训	培养目标	特色培养模式	培养类别	核心课程	就业方向
中南民族大学	公共管理学院	2005	46	慎思笃行，厚德为公	培养具备现代政府管理理论、技术与方法等方面知识，能在政府机构、企事业单位、社会团体从事管理工作及科研工作的高级专业人才	西部少数民族卓越行政管理	应用型、学术型	行政管理学、公共经济学、公共管理研究方法、公共管理案例分析、电子政务、西方行政学说史、行政法与行政诉讼法、行政组织学、公共部门人力资源管理、比较行政体制等	在政府机构、企事业单位、社会团体从事管理工作及科研工作
云南民族大学	政治与公共管理学院	1951	48	政治惟正、管理为公	培养具备现代公共精神和扎实的管理学、政治学、行政学和法学基本理论素养、专业基础知识和行政管理基本技能，具备较强的实践能力和创新能力，熟悉党和国家行政管理方针、政策和法规的复合型高级专门人才	无	应用型、学术型	管理学原理、政治学原理、公共管理学、行政管理学、法学概论、宪法与公共经济学、公共政策学、公共组织学、公共部门人力资源管理等	在各级党政机关、企事业单位、社会团体、科研机构和学校从事研究和教学工作

续表

民族院校	隶属学院	组建时间/年	师资力量/人	院训	培养目标	特色培养模式	培养类别	核心课程	就业方向
西南民族大学	公共管理学院	2020	30	大道至公，和合与共	培养具有人文精神、诚信品质和科学素养，掌握现代行政管理理论和方法，熟悉相关法律、法规和政策，具备行政管理的组织、协调能力，能够胜任党政机关、企事业单位及社会团体相关工作的高素质复合型人才	二维培养模式	应用型、学术型	政治学原理、社会学概论、公共管理学、宪法与行政法、公共经济学、公共政策学、行政组织学、市政学、公共部门人力资源管理等	在党政机关、企事业单位和社会团体从事公共事务策划、行政协调以及秘书、档案、人事管理等工作
广西民族大学	政治与公共管理学院	2016	46	博学笃行，养正致公	培养具有管理学、政治学、经济学、法学、社会学诸学科知识背景和坚实的行政管理理论基础，能在各级党政机关、企事业单位、社会团体从事公共管理的应用型管理人才	分政府管理、城市管理两个方向培养	应用型、学术型	管理学原理、政治学、行政管理学、微观经济学、宏观经济学、社会学、管理信息系统、公共政策学、人力资源开发与管理、行政法学、领导科学、公共关系学、国家公务员制度、公文写作、社会调查理论与方法、因特网应用技术等	在党政机关、企事业单位、教学科研单位等工作的应用型、复合型人才

续表

民族院校	隶属学院	组建时间/年	师资力量/人	院训	培养目标	特色培养模式	培养类别	核心课程	就业方向
呼和浩特民族学院	公共管理学院	1989	23	无	具有较强的社会实践能力和创新精神，用蒙汉两种语言文字从事行政管理、人事管理、民族宗教事务管理、行政文秘与公文写作及会务等工作的复合型人才	无	应用型	政治学原理、管理学原理、行政管理学、法学概论、政府经济学、公共政策学、组织行为学、人力资源管理等	党政机关、社会组织和企事业单位

（数据来源：各个民族院校官方网站的本科培养方案。）

广西民族大学较早开始行政管理专业招生和教学工作。1986年招收行政管理专科，1995年招收行政管理本科，2003年行政管理专业被确定为首批广西高等学校普通本科重点专业。贵州民族大学1988年开始招收行政管理全日制本科生，并强调学生应具备认识问题、分析问题和解决问题等基本能力，公共管理学科的思维理解能力、计划能力、组织协调与沟通能力、管理服务能力、应急管理能力、团队合作能力、调查研究能力、信息处理能力、表达能力等专业能力。目前民族院校在行政管理人才培养目标、培养模式、培养类别、核心课程、培养去向等方面面临着诸多问题和挑战。

一、培养目标方面，各民族院校培养目标存在目标的模糊化和泛化、目标雷同以及特色不显著等问题

首先，培养目标的模糊化和泛化，会使行政管理专业呈现边缘化趋势，不利于专业整体发展。行政管理人才培养目标定位直接关系到人才培养质量、教学方案设置、课程方案实施和学生毕业选择等。因此，人才培养目标一定要根据专业

特征、学校特征、市场需求和学生自身的实际特点和需求来清晰定位人才培养方案，重点培养学生的专业知识和实践能力。

其次，各民族院校培养目标雷同，特色不显著。我国民族院校行政管理专业起步较晚，在人才培养目标定位上与综合研究型高校趋同，使得民族院校的培养特点和培养优势无法凸显出来。大多数民族院校行政管理专业培养目标定位为：培养"厚基础、宽领域、广适应、强能力"，德、智、体、美全面发展，具备行政学、管理学、政治学、社会学、经济学、法学等方面知识，能在党政机关、企事业单位、社会团体从事管理工作以及科研工作，富有创新精神的，应用型、复合型和创新型人才。这些培养目标对行政管理人才的能力和知识结构要求较为含糊，对行政管理人才定位和培养特色不清晰，未体现民族院校与其他高校人才培养目标的差异（于翠英，2014）。

二、培养模式和培养类别方面，各民族院校培养模式特色性不强，培养类别大多数为应用型和学术型

从培养模式来看，大多民族院校没有特色性的培养模式，只有少数院校凝练了独具特色的模式。如西南民族大学的二维培养模式实际上指"为少数民族和民族地区服务，为国家发展战略服务"。贵州民族大学"三重两突出"特色的人才培养模式主要指重思想政治素质、重写作和表达能力培养、重实际管理能力，实践能力突出和创新思维突出。北方民族大学行政管理专业创建了系列品牌活动，如"中公杯公务员全真模拟大赛""模拟联合国大会""素质拓展训练项目"等。北方民族大学采取的"四个融通"的培养模式，主要指学科建设与本科教学融通、通识教育与个性化培养融通、拓宽基础与强化实践融通、学会学习与学会做人融通的本科教学和人才培养模式。

从培养类别看，上述10余所民族院校中，10所民族院校定位为应用型和学术型，而其余院校定位为应用型。人才培养模式主要包括学术型（理论型）培养模式和应用型（实务型）培养模式，行政管理人才应以学术型为目标还是以应用型为目标还存在争议。[①] 有些学者从学校的差异来界定人才培养目标，他们认为"985"高校和"211"高校主要培养学术型人才，重点培养学生行政管理的理论研究能力。普通高校则主要培养应用型人才，重点培养学生的实践能力。这种界定基于高校差异，有一定合理性，但是忽略了最核心的主体——受教育者的自身发展需求。培养目标和类别制定中，需要考虑学校的性质、学生自身的发展需求等因素，围绕受教育者自身的因素来进行定位。

[①] 曲延春，张敏. 行政管理专业卓越人才培养模式研究 [J]. 山东高等教育，2017（5）：47-51.

人才培养模式需要将"家国情怀"作为人才培养的最基本素质，培养具有"家国情怀、全球视野、创新精神和实践能力"的卓越人才。作为行政管理人才，其培养目标不应等同于一般人才的培养目标，而应在卓越思想素质的基础上，从社会的需求以及学生自身发展要求出发，分层分类地进行人才培养。因此，行政管理人才的培养目标可以基于社会需求、学生自身发展要求分层分类进行界定。对于将自身发展定位为学术型人才的学生，根据高校和研究所的人才需求，重点培养行政管理理论知识丰厚、科研潜质突出的高水平学术型研究人才，加强学生问题捕捉能力和学术思维能力训练，具体可以通过大学生创新创业训练项目、大学生"三下乡"调研活动、研究方法系统学习、导师科研项目指导等方式促进学生科研能力的提高。对于将自身发展定位为应用型人才的学生，根据事业单位、企业等人才需求，重点培养行政管理专业知识系统扎实、职业能力突出的应用型人才，加强学生就业能力培训和职业能力培养，具体通过学院办公室、辅导员办公室以及研究中心和学校其他部门的勤工俭学、寒暑假实习实践活动、职业能力规划、就业指导等多种方式加强办文办会办事的能力，增强学生的就业技能。

上述人才培养目标是根据学生的发展需求和社会发展需求，对公共管理人才进行分层分类培养，这样有助于学生的多样化成长，同时有助于满足社会对公共管理人才的多元化需求。这两种培养目标都要基于立德树人这一根本任务，公共管理专业发展要将立德树人的成效作为检验学校一切工作的根本标准。

第二节 民族院校公共管理人才培养目标定位的具体案例

民族院校公共管理人才培养目标是回答"培养什么样的人"这一核心问题。公共管理专业人才培养的定位，需要以学科特征为依据，以社会需求为导向，以能力培养为核心，围绕不同类型的受教育者制定分层分类的培养目标。以中南民族大学为例，公共管理人才培养总目标和具体目标等如下。

一、公共管理人才培养总目标

以习近平总书记提出的争创"双一流大学"为目标，以陈达云在2015年校人才工作会议上的重要讲话《深入实施人才强校战略，加快建设高水平民族大学》为指引，通过"专业综合改革试点项目"建设，以全面提高学生的核心竞争力为宗旨，致力于培养具有坚定的政治立场、扎实的基础理论功底、经过严格系统的公共管理科学训练、掌握先进的公共管理方法的"应用型、复合型、创新型"人才，为民族地区、边疆地区培养明辨大是大非、立场特别清晰、维护民族团结的行动特别坚定的各级政府企事业单位所需的公共管理类行政管理专业人才。按照分类培养的办法，行政管理实验班致力于培养具有扎实的基础理论功底、掌握先进的行政管理研究方法、经过严格系统的行政管理科学训练的高层次、研究型人才，培养方向以出国攻读研究生与在国内攻读知名高校研究生为主；行政管理普通班以面向公务员、事业单位就业和创新创业为主，注重公务员培训的集中训练营和实习实践基地的建设。通过"专业综合改革试点项目"建设，把握民族地区对人才的实际需求，结合服务型政府培养新型人才；创新教学方式，促进学生分流和就业等，力争将国家民委重点学科行政管理（二级学科）建设成为国家特色专业建设点、向国家级专业综合改革试点项目的目标发展，建设国内一流、具有民族特色的本科专业，将公共管理学院培养成民族地区干部的摇篮，争创国家级专业综合改革试点项目。

二、公共管理人才培养具体目标

公共管理类行政管理专业致力于为民族地区党政机关和企事业单位培养"靠得住、用得上、下得去、留得住"的公共管理人才，成为维护当地和谐稳定和造福一方的中坚力量。公共管理类行政管理专业人才培养具体目标主要包括以下四个方面：

（1）通过"专业综合改革试点项目"建设，力争将国家民委重点学科行政管理（二级学科）建设成为国家特色专业建设点、国家级专业综合改革试点项目；

（2）通过"专业综合改革试点项目"建设，力争在行政管理专业人才培养模式改革上取得新突破，形成"基础知识扎实、职业方向明确、专业能力突出、个性特色鲜明"的"学生教育＋教师教育＋外部合作＋跟踪反馈"的培养模式；

（3）通过"专业综合改革试点项目"建设，力争使行政管理专业在课堂教学改革、考试考评改革、实践教学改革等方面取得新突破；

（4）通过"专业综合改革试点项目"建设，为民族地区、边疆地区培养立场坚定、行动坚决、感情真诚、专业化的行政管理实践型、复合型、创新型人才。

三、公共管理人才培养特点

1. 培养目标明确，专业特色明显

依托公共管理一级学科，立足少数民族地区人才培养需要，实践"面向少数民族和民族地区，为少数民族和民族地区服务"的办学宗旨，结合西部民族地区经济社会发展人才需求，创新人才培养模式；开办"西部少数民族行政管理人才实验班"，培养"志在西部地区、服务民族工作、奉献民族地区建设"的卓越公务员人才。

2. 完善人才培养方案，构建适应民族地区人才发展需要的完整专业课程体系

面向民族地区经济社会发展需要，结合民族地区优势资源，进一步优化课程设置，优化专业必修课程，精选专业选修课程，将专业选修课程分为专业基础课程、专业技能课程、专业方法课程等五大模块，形成特色鲜明的专业核心课程群，构建合理的人才培养体系。

3. 打造实践创新平台，全方位提升学生综合素质

建立完备的实践教学体系，主要包括：

（1）以学生的实践能力和科学素养为核心；

（2）注重创新创业教育，将创新创业教育融入人才培养全过程，切实落实导师制，将创新项目、实习实践与毕业论文有机结合；

（3）建立第二课堂的育人体系，通过丰富多彩的创新实践活动、社团活动、社会志愿服务活动、各级各类竞赛活动等第二课堂，形成"课堂教学-校园文化-科技活动-社会实践"四位一体的育人体系。

第三章

新文科背景下民族院校公共管理类专业的课程体系

国家规定的教育目的和培养目标的要求，首先要体现在课程上，最终要落实到人才培养的质量要求上。教学工作是高等学校最基础、最根本的工作，教学改革是提高质量的抓手。课程设置和实施是高校人才培养的最主要环节。对于任何一个专业而言，培养目标的实现，必须通过相应的课程学习才能实现。如果说培养目标的设定是高校各专业人才培养的总纲，那么课程设置则是落实总纲的具体设计。因此，设置哪些课程，根据培养目标如何优化课程设置等，是高校各专业人才培养的核心。民族院校坚持以就业为导向，按照新文科的要求和市场需求调整民族院校和民族地区高校学科专业结构，提升民族特色学科水平，探索公共管理全过程课程思政、公共管理全周期课程体系、公共管理协同型课程支持平台等。

第一节　公共管理全过程课程思政

2019年8月，《关于深化新时代学校思想政治理论课改革创新的若干意见》中提出，深度挖掘高校各学科门类专业课程蕴含的思想政治教育资源，解决好各类课程与思政课相互配合的问题，发挥所有课程育人功能，构建全面覆盖、类型丰富、层次递进、相互支撑的课程体系，使各类课程与思政课同向同行，形成协同效应。开展课程思政是落实立德树人的根本任务，用以培养社会主义建设者和接班人。课程思政是将思想政治教育融入课程教学和改革的各环节、各领域，构建思政课、综合课、专业课等三位一体的高校思政课程体系，实现立德树人润物无声。围绕"价值维——为谁培养人、目标维——培养什么人、机制维——怎样培养人"这个根本问题，把课程思政贯穿人才培养的全过程。课程思政实质上是一种课程观，尝试解决思想政治教育与专业教育"两张皮"问题，将课程思政与专业教育有机融合；解决"工具性""单向度"人才培养质量问题，加强价值引领、知识传授、能力培养，做到有温度的课程思政，构建有亮度的课程体系。

公共管理紧扣国家治理和基层治理，贴近时代前沿，其乡村振兴、美丽乡村、基层治理能力等教学和研究扎根中国大地，具备进行鲜活和精彩课程思政的天然优势。公共管理学科要注重全过程课程思政。

一是注重理论与实践相结合的课程思政。从中国问题、中国制度和中国经验等多角度挖掘中国治理特色，在理论课程思政中充分体现中国特色，同时开拓公共管理实践中的思政元素。民族院校公共管理类专业一方面要代入公共管理的治理情境，将中国问题、中国制度和中国经验融入课程思政；另一方面注重民族地区的治理特色，理解不同区域的制度安排。

二是注重公共管理教学过程中的全过程思政。公共管理学科在推进公共管理思政教材体系建设的基础上，充分调动专业教师进行课程思政建设的主动性和积极性，深入挖掘公共管理类专业课程的思政元素，将其中蕴含的家国情怀、为民服务和公共价值融入教学全过程，运用灵活多样的教学方法将课程思政润物细无声地融入课程。

三是将公共管理课程思维贯彻到育人的三维中。公共管理课程思政应体现以立德树人为价值目标，围绕价值维（"为谁培养人"）、目标维（"培养什么人"）、机制维（"怎样培养人"）理解和建设课程思政，在课程设计中充分体现国家认同、家国情怀、国家治理、文化素养等内容，弘扬公共管理人才培养的公共价值和公共精神，聚焦公共管理的国家治理和基层治理。

在全过程课程思政实施中，公共管理学科坚持三维结合：管理维包括"国家-省市-高校-学院-专业-课程"六级课程思政建设框架；制度维包括"顶层规划-系统设计-分步实施-客观评价"课程思政制度框架；实施维包括"课程性质-教材资源-定位及教法"课程思政实施框架（见表3-1）。构建系统化的课程思政体系、模块化的课程思政内容、浸润式的课程思政方法。在三维框架中，将公共管理教学内容的"场景化"引导和"发问式"启发有机结合，坚持将中国问题、中国经验、中国实践和中国场景等融入公共管理课程思政，以问题导向为切入点，在中国的治理情境中理解中国经验和中国特色，将公共管理理论与实践有机结合，回应时代之问、世界之问、人民之问。同时实现公共管理学科与课程思政建设同频共振、协同发展。

表 3-1 公共管理课程思政实施框架

思政属性	课程属性	课程类别	教材及资源	功能定位及教法
显性	思想政治课	形式与政策	引入课程思政教材	引领——系统进行思政教学
隐性	综合素质课	通识教育课 公共基础课	引入课程思政教材	浸润——铸牢理想信念
隐性	专业核心课	公共管理专业课程	引入课程思政教材，补充中国经验、中国实践的案例	深化——凸显治国理政的治理责任

（资料来源：高德毅，宗爱东.从思政课程到课程思政：从战略高度构建高校思想政治教育课程体系[J].中国高等教育，2017（1）：43-46.）

在公共管理类专业的具体课程思政实施中，首先要坚持目标分解，按国家教育目标—学校培养目标—专业培养目标—课程总体目标一级一级分解，从课程的能力目标、素质目标、知识目标等维度逐步发掘和梳理课程本身所具有的思想政治教育素材和元素，同时融入课堂教学，实现专业知识体系与思想政治教育有效统一。表 3-2 为"数字政府安全导论"课程思政设计。

表 3-2 "数字政府安全导论"课程思政设计

目标分解		思政内容
国家教育目标		坚定不移贯彻总体国家安全观，构建数字政府全方位安全保障体系
学校培养目标		具有爱国情怀和担当意识，具备承担国家数字政府安全研究的意识
专业培养目标		掌握数字政府安全应用场景，培养专业科学精神，提高学生的安全意识和能力
课程总体目标	能力目标	培养学生利用所学知识面对现实应用场景安全需求的分析能力，以及基于密码学原语进行基本设计和安全分析的能力，通过分组交流、课堂汇报、报告撰写等培养学生的沟通能力和表达能力
课程总体目标	素质目标	通过安全案例教学，培养辩证统一观和方法论思想，提高民族自豪感，激发爱国热情和民族崛起的担当意识，自觉承担国家数字政府安全研究和产业发展的责任意识，践行社会主义核心价值观，培养专业科学精神和人文情怀
课程总体目标	知识目标	系统了解数字政府安全存在的主要问题和安全需求，为深入学习和研究数字政府安全奠定专业基础

第二节　公共管理全周期课程体系

公共管理全周期课程体系即构建理论与实践有机结合的三课堂体系（见表 3-3）：第一课堂重在掌握公共管理专业类理论知识；第二课堂重点衔接理论知识与实践知识；第三课堂重在提升学生的专业实践技能。融合三类课堂，完成公共管理类专业教学和技能提升。

表 3-3　构建理论与实践有机结合的三课堂体系

三课堂体系	主要功能	重点内容
第一课堂	掌握公共管理专业类理论知识	融入体现中国价值的公共治理理念、主张、方案
第二课堂	重点衔接理论知识与实践知识	突出体制内和体制外公共管理类人才需求的特征
第三课堂	提升学生的专业实践技能	补齐知识和技能短板，增强就业竞争力

在第一课堂教学中，融入体现中国价值的公共治理理念、主张、方案。在公共管理学、公共政策学、政府经济学、公务员制度、公共部门绩效管理等专业基础和核心课教学中，突出中国公共治理、中国特色公共政策、中国特色市场经济、中国行政体制、中国政府部门绩效考核等中国公共管理新概念、新范畴、新表述。

在第一课堂中，专业教师在培养方案的指导下，强化课程设计。通过引入新时代公共管理专业类的典型案例，讲授每一章节的核心知识点，通过启发和鼓励等多种方式引导学生探求中国特色的治理之道，让鲜活的中国特色治理案例来代替教材的标准答案，代替枯燥的政策条文。采用理论启发引导式教学法，手段包括应用多媒体进行线上教学、线下教学及线上线下混合式教学等。①

在第二课堂教学中，重点突出现实社会对体制内和体制外公共管理类人才需求的特征。无论是体制内的政府机关、事业单位工作人员，还是体制外的非营利组织成员，都应当对政府、市场与社会如何形成伙伴关系治理公共事务有深刻理解，能够熟练运用公共行政、新公共管理和合作治理等现实政策工具解决公共物品或服务供给的政府失灵、市场失灵和社会失灵问题。

在第二课堂中，围绕学生的就业规划和发展，组织考研、考证和考公等交流会，通过考研经验介绍会、校友成长会等，将优秀校友、优秀基层干部请进课

---

① 刘勇. 新文科背景下课堂教学改革体系化推进思路——以公共管理类专业为例 [J]. 韶关学院学报, 2022, 43 (5): 65-69.

堂，同时也让学生走进基层去实践，让学生对自身的专业有清晰的认知，为学生未来的深造和就业奠定基础。采用实践经验式教学法，手段包括实验、"三考"经验交流与辅导、企事业单位精英面授等。重点开发政府治理虚拟仿真实验课。

在第三课堂教学中，重点使学生通过准就业熟悉当前科技革命和产业革命对公共管理活动所造成的挑战。学生在具体工作中检验并掌握公共管理类专业劳动者应具有的跨学科、超学科技能，并在接下来的学习中尽快补齐知识和技能短板，增强就业竞争力。

在第三课堂中，通过大二和大三的实习实践，让学生进入合作共建的就业实践基地带薪或无薪实习，通过两周到一个月的实习，让学生更客观衡量自身专业知识水平、解决问题能力与实习单位用人要求间的差距等，从而在后续的学习中有针对性地补齐专业技能短板，增强竞争力。

三课堂体系中理论课与实践课的课程定位和类别如表3-4所示。

表3-4 三课堂体系中理论课与实践课的课程定位和类别

课程定位	课程类别	模块	课程
理论课	通识选修课程	人文素养与写作	"民族学田野调查方法""《论语》导读""《二十四史》名篇导读""应用文写作""公文写作""学术基本要素：专业论文写作"
		科学技术与科普	"从爱因斯坦到霍金的宇宙""科学启蒙""从'愚昧'到'科学'——科学技术简史""世界科技文化史""魅力科学"
		国际视野与世界	"走近诺贝尔化学奖""英美国家概况""英语国家社会与文化""东南亚文化"
		中华文化与文明	"国学智慧""旅游中的红色故事""四大名著鉴赏""古代名剧鉴赏""中国古诗词歌曲鉴赏""异彩纷呈的民族文化"
		心理健康与安全	"hello，心理学""幸福心理学""社会心理学""心理、行为与文化""食品安全与日常饮食"
		艺术体验与审美	"湖北特色民间舞训练与研究""音乐分析学""形象管理""艺术与审美"
	通识必修课程	政治通识课程	"马克思主义基本原理""毛泽东思想和中国特色社会主义理论体系概论""习近平新时代中国特色社会主义思想概论""思想道德与法治""形势与政策""中华民族共同体概论""中国近现代史纲要"

续表

课程定位	课程类别	模块	课程
理论课	通识必修课程	语言通识课程	"英语1-4""现代汉语""阅读与写作""普通话口语训练"
		文化通识课程	"中国哲学""中国民俗文化与旅游""中国历史与文化""民族文化传播"
	学科基础课程	政治学课程	"政治学""当代中国政府与政治""公共政策学""民族宗教事务管理"
		管理学课程	"管理学原理""公共管理学""行政管理""专业导论""公共管理研究方法""企业管理学""管理信息系统"
		其他学科课程	"高等数学""线性代数""概率论与数理统计""宏观经济学""微观经济学""组织行为学""社会学""社会工作"
	专业必修课程	专业核心课程	"公共经济学""公共部门人力资源管理""公共行政学史""行政法与行政诉讼法""领导科学""比较行政体制""行政组织学""电子政务"
	专业选修课程	专业基础知识	"地方政府过程""国家公务员制度""国际政治""中国政治制度史""中国行政管理思想史""行政学经典著作选读""西方社会科学名著选读""政治学著作选读""城市管理学""当代世界政治与经济"
		专业思维训练	"行政案例分析""逻辑学""博弈思维""决策理论与方法""公共政策案例分析"
		专业技能模块	"公共关系学""公共文秘""办公软件运用""统计软件操作""科研写作规范与技巧""行政能力测试""申论写作""专业英语""演讲与口才"
		专题深化模块	"公共组织绩效管理""非政府组织管理""公共部门危机管理""社区管理""行政法专题""中国行政建制专题""地方自治专题"

续表

课程定位	课程类别	模块	课程
实践课	课程设计	课程实践必修	"申论写作竞赛""SPSS操作技能大赛"
		课程实践选修	"革命传统教育基地考察""社会调查"
	专业实践	专业实践必修	"行政管理教学实习""公共部门实习""毕业实习"
		专业实践选修	"基层治理中的中国智慧"

公共管理全周期课程体系中,以行政管理专业为例,中南民族大学公共管理学院下设的行政管理专业显著特点是宽口径、跨学科。从传统上讲,行政管理专业脱胎于政治学专业。而自近代以来,行政管理专业更偏重于管理学。因此,一般各高校行政管理专业本科招生,都是文理兼招。对于这一文理兼容的本科专业,其学科基础课程的设置更为宽泛,其课程体系分为通识课程、学科基础课程、专业核心课程、专业选修课程、实习实践课程等(见图3-1)。

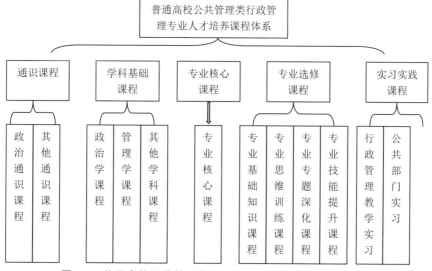

图3-1 普通高校公共管理类行政管理专业人才培养课程体系

为分类和宽口径培养,行政管理三套培养方案中开设了大量的专业选修课程,并进行模块化设置,供学生在教师的指导下自主选择,此举也被称为"课程超市"。

(1) 政治学课程。由于行政管理专业脱胎于政治学专业，尽管目前更偏向于管理学，但其行政学的基本理论仍然离不开政治学这个母体。所以，类似于政治学、当代中国政府与政治等课程是学好行政管理专业的基础性、前置性课程。

(2) 管理学课程。与政治学和行政学专业相比，行政管理专业在学科研究方法及具体实践运用上，都更偏重于管理学。因此，管理学、公共管理学等课程也是学好行政管理专业的基础性、前置性课程。

(3) 相关学科课程。行政管理除了与政治学、管理学紧密相关以外，与法学、经济学、社会学、民族学、新闻与传播学等人文社会科学也有着十分紧密的关系。这些学科基础知识的掌握，是有效地从事行政管理工作必备的基本知识内容。如法学的宪法学、行政法与行政诉讼法，经济学的宏观经济学、微观经济学，民族学的民族政治学、社会学原理，等等。

行政管理专业选修课程，以课程群的形式，分成以下四个模块（见表3-5）：一是专业基础知识模块，如地方政府原理、中国行政管理思想史、国家公务员制度等；二是专业思维训练模块，如逻辑学、博弈论、行政案例分析、决策理论与方法等；三是专业专题深化模块，如绩效管理、危机管理、社区管理、城市管理、非政府组织管理、项目评估与管理等；四是专业技能提升模块，如公共文秘、公共关系、演讲与口才、办公软件应用、公共管理研究方法、统计学等。

表3-5 行政管理专业选修课程模块与具体课程

课程模块	具体课程
专业基础知识模块	地方政府原理、中国行政管理思想史、国家公务员制度等
专业思维训练模块	逻辑学、博弈论、行政案例分析、决策理论与方法等
专业专题深化模块	绩效管理、危机管理、社区管理、城市管理、非政府组织管理、项目评估与管理等
专业技能提升模块	公共文秘、公共关系、演讲与口才、办公软件应用、公共管理研究方法、统计学等

第三节 公共管理协同型课程支持平台

基于公共管理学院的虚拟教研室建设，注重校地、校校、校企合作，有效融合高校、政府、企业、社会组织优势资源，协同育人。通过线上线下共商培养方案、共建精品课程、共享教学资源及实施订单式人才培养等，共同提升公共管理类行政管理专业发展水平。尤其注重与乡镇（街道）、村（社区）开展联建共建机制，面向基层、面向一线，建立完善社区治理服务站、乡村振兴工作站等。

借助高水平大学进行人才培养。"新青年全球胜任力人才培养项目"（以下简称"新青年项目"）是中国教育国际交流协会面向国内高校学生设立的新时代青年综合素质与能力培养项目。该项目以国家新时代人才发展战略为指导，旨在探索创立加快国际组织人才培养的有效模式，尝试青年学生职业胜任力培养，助力青年创业就业，力求配合高校新时代复合型国际化人才培养目标，加快培养有理想、敢担当及具有家国情怀、全球视野和国际竞争力的新时代青年。公共管理学院、教务处、学工部等多个部门协同实施，重点培养学生家国情怀，扩宽国际视野，增强跨文化沟通能力，目的是帮助学习者提升在大型国企、跨国公司、涉外机构、国际组织、大众传媒以及政府部门相关岗位任职和工作的能力，提升我国在国际上的影响力和国际话语权。

基于国家构建人类命运共同体和"一带一路"倡议需求，制定和完善新青年全球胜任力人才培养"三力"模式，从教学模式创新、教学内容创新和社会实践创新（见图3-2）等视角进行研究。

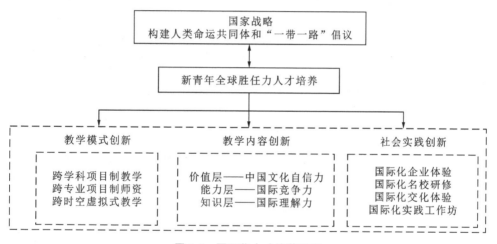

图 3-2　国际化人才培养思路

一、教学模式创新

通过跨学科、跨专业教师与学生交叉融合，探索跨学科项目制教学、跨专业项目制师资和跨时空虚拟式教学，培养具有中国文化自信力、国际竞争力和国际理解力的高层次国际化人才。

1. 跨学科项目制教学

立足公共管理学科，基于"人文与理工、科学与艺术、教学与科研、国际与本土"的理念，组织学校不同专业学生交叉融合，围绕新青年国际胜任力开展探究式、合作式教学。

2. 跨专业项目制师资

借助国内外高水平大学教授团队，构建跨国家、跨地域、跨学科的项目制教学团队。国内外师生联合执教，开展以问题为导向的多专业协同教学，多方协同育人。

3. 跨时空虚拟式教学

充分运用信息技术，探索突破时空限制的"线上＋线下"教学模式，开设9门选修课程、9场系列讲座、9项实践活动的"999模式"，设计国内外调研考察、深度参访、研修研学等线上线下实践活动。构建线上线下融合、线上课程与线下工作坊衔接的教学模式。整体流程包括五个环节——课前预习（Preview）、线上课堂（Online Instruction）、线下工作坊（Workshop）、线上答疑（Enquiry）、结课综评（Review），此即"POWER模式"（见图3-3）。

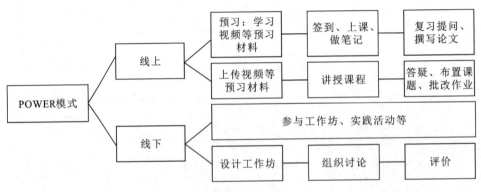

图3-3 教学模式（POWER模式）

二、教学内容创新

在价值层面、能力层面和知识层面进行教学内容创新（见图3-4）。

（1）在价值层面，从国家国际战略需求出发，增强新青年"四个自信"，了解中国故事及其背后的思想力量和精神力量；深化对构建人类命运共同体和"一带一路"倡议的认识，讲好中国故事，传播好中国声音，增强人类命运共同体意识。

（2）在能力层面，提升学生与不同文化背景的人友好互动的能力，学习如何在国际交往中站稳立场且方式得当，提高在国际交往中化解冲突与矛盾的能力，提高国际学术交流能力，提高国际影响力和国际话语权。

（3）在知识层面，提升对多边主义和国际合作的认识，了解国际组织，理解全球政治和文化差异，关注并理解能源、环境、健康、安全等全球议题。

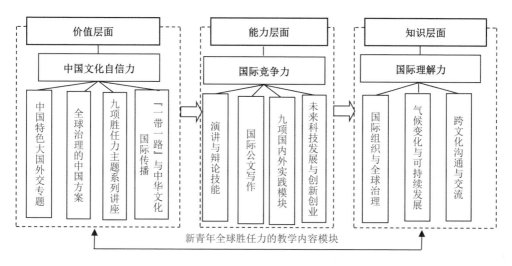

图 3-4 新青年全球胜任力的教学内容创新

在教学内容上,教学课程由"当代中国""国际理解""跨文化沟通"三个模块构成(见表 3-6)。课程紧密围绕培养目标设置,聚焦于家国情怀、世界观和全球竞争力的素养培养和能力提升。主讲教师由清华大学、北京大学、中国人民大学、复旦大学、北京外国语大学的知名教授组成,总共开设 9 门课程共 144 个课时,9 门课程分别在一学年的春季和秋季学期内实施,春季学期开设 4 门课程、秋季学期开设 5 门课程,学生可根据自身情况灵活选择。授课时间安排在周六和周日的下午及晚间。每门课 16 个课时的安排,有助于系统地传授相关领域的知识;从理论到案例,高度浓缩,具有一定挑战性,能有效帮助学生搭建新的知识结构。

表 3-6 聚焦家国情怀和全球竞争力的课程体系

模块	序号	课程名称	主讲师	所在单位	开课时间
当代中国	1	中国特色大国外交专题研究	赵可金	清华大学	2022 年秋季学期
	2	全球治理的中国方案	王勇	北京大学	2022 年春季学期
	3	"一带一路"与全球发展	查道炯	北京大学	2022 年秋季学期
国际理解	4	国际组织与全球治理	刘铁娃	北京外国语大学	2022 年春季学期
	5	未来科技发展与创新创业	高旭东	清华大学	2022 年秋季学期
	6	气候变化与可持续发展	陈敏鹏	中国人民大学	2022 年春季学期
跨文化沟通	7	跨文化沟通与交际	马琳	北京外国语大学	2022 年秋季学期
	8	演讲与辩论技能	胡春阳	复旦大学	2022 年春季学期
	9	国际公文写作	陈开和	北京大学	2022 年秋季学期

三、社会实践创新

为提升学生的实践能力和国际化视野,新青年项目邀请了在政府、国际组织、外交领域、国际教育机构、跨国企业等任职,以及在人才培养和跨文化管理等相关领域具有丰富经历和经验、较强专业水平、较高学术素养的专家、学者、企业家和业界知名人士,为项目课程学生提供与课程内容相关的专题讲座。讲座与课程相互补充、相得益彰,国际组织官员、资深外交官、跨国企业高管、知名高校学者构成的讲师团队,为学生创造一个宽视域、多视角的立体知识空间。讲座面向全校学生开放,2022—2023 年度新青年全球胜任力人才培养专题讲座如表 3-7 所示。

表 3-7　2022—2023 年度新青年全球胜任力人才培养专题讲座

模块	序号	讲座题目	讲座嘉宾	嘉宾简介	开讲时间
当代中国	1	逐梦太空与伟大航天精神	孙保卫	西昌卫星发射中心原党委书记	2022 年秋季学期
	2	百年未有之大变局下全球治理与全球胜任力培养	马燕生	中国常驻联合国教科文组织副代表	2022 年春季学期
	3	从百年未有之大变局看中美关系	金灿荣	中国人民大学教授	2022 年秋季学期
	4	未来空战与国家安全战略	徐邦年	中国人民解放军空军指挥学院研究员、教授	2023 年春季学期
	5	怀家国天下　逐多彩人生	王粤	联合国开发计划署驻华助理代表	2023 年春季学期
国际理解	6	青年在全球可持续发展和南南合作中的机遇与贡献	王晓军	联合国南南合作办公室副主任	2022 年春季学期
	7	Leadership in UN and UNESCO to deal with global challenges	Shahbaz Khan	联合国教科文组织驻华代表处代表、主任	2022 年秋季学期
	8	科技创新创业——把握数智时代的机遇	刘激扬	国双科技首席技术官,微软亚洲互联网工程院创建人	2022 年秋季学期

续表

模块	序号	讲座题目	讲座嘉宾	嘉宾简介	开讲时间
跨文化沟通	9	The theory and practice of intercultural communication and communication	Tudor Parsons	约克大学语言与技能导师	2022年春季学期
	10	走向世界的新青年——新青年全球胜任力人才培养	毛琴	英特尔公司高管	2023年春季学期
	11	国际谈判中跨文化问题与沟通技巧	周兵	英特尔公司全球副总裁	2022年春季学期
	12	The whole is more than the sum of its parts: Some reflections on living in two different cultures	David G. Evans	牛津大学博士，北京化工大学特聘教授，"2020北京榜样"年榜人物，"典赞·2020科普中国"十大科学传播人物	2022年秋季学期
	13	Critical thinking and academic skills	Joe Gallagher	约克大学学术技能导师	2023年春季学期

社会实践主要包括国际组织实践、国际化名校研修、国际化文化体验、国际化实践工作坊等不同主题的短期实践活动（见表3-8）。国际化实践工作坊是项目实践活动的特色内容，依托新青年全球胜任力研修中心，通过学术研讨、专题讲座、职场沙龙、互动游戏、艺术鉴赏等互动性较强的方式，力求营造多元文化的环境，为学习者提供独特的全球胜任力提升训练。学生可根据自身学习兴趣、学习能力和学习时间选择课程与活动，促进跨文化深度交流，培养学生文化自信力、国际竞争力和国际理解力，促进我国国际影响力和国际话语权的提升。

表3-8 新青年全球胜任力的理论课程和实践探索

能力培养	课程设置	实践探索
中国文化自信力	中国特色大国外交专题研究	实践的体验——体会数字政府的建设进程
	全球治理的中国方案	理论的探索——向世界讲述中国故事和中国经验

续表

能力培养	课程设置	实践探索
中国文化自信力	"一带一路"与中华文化国际传播	假期开展"阅读一本好书""开展一次调研""进行一次汇报"等实践活动
	青年在全球可持续发展和南南合作中的机遇与贡献	—
国际竞争力	演讲与辩论技能	早读英语打卡制、常规化的英语角、最新国外文献翻译等系列活动
	国际公文写作	实践的狂欢——问问校友企业家的成长历程
	未来科技发展与创新创业	国际化实践工作坊
	百年未有之大变局下全球治理与全球胜任力培养	—
国际理解力	国际组织与全球治理	国际化文化体验
	跨文化沟通与交流	国际组织实践
	气候变化与可持续发展	国际化名校研修
	国际谈判中跨文化问题与沟通技巧	—

第四章

新文科背景下民族院校公共管理教学方法

党的十九大报告提出，深化民族团结进步教育，铸牢中华民族共同体意识，加强各民族交往交流交融，促进各民族像石榴籽一样紧紧抱在一起，共同团结奋斗、共同繁荣发展。党的十九届五中全会提出，坚持和完善民族区域自治制度，全面贯彻党的民族政策，铸牢中华民族共同体意识。党的二十大报告提出，以中国式现代化全面推进中华民族伟大复兴。民族地区高等教育高质量发展是中国式现代化的题中应有之义，是缩小区域发展差距、实现共同富裕、实现人的全面发展的必然要求。2015年8月，国务院印发的《关于加快发展民族教育的决定》提出，优先设置与实体经济和产业发展相适应的高等院校，积极支持有条件的民族地区设置工科类、应用型本科院校。以就业为导向，调整民族院校和民族地区高校学科专业结构，重点提高工、农、医、管等学科比例，提升民族特色学科水平。新文科背景下民族院校公共管理人才培养需要以培养具有家国情怀、自觉维护祖国统一和民族团结、扎根民族地区、热爱民族工作的创新型、应用型、复合型高素质人才为目标，探索以学生为主体的教学理念、以能力为导向的课程体系、以技术为依托的教学改革，以立体式教学提升教育质效、以特色品牌打造铸牢主线的课程群，培养学生的专业技能和创新创业能力。

目前在国际上已产生较大影响的教学方法主要有问题式学习、翻转课堂、MOOC和微课堂。问题式学习，也称PBL（Problem-based Learning），是以问题为导向、以学生为中心的教育方式；翻转课堂（Flipped Classroom），即学生在课外看教学视频和听讲解，在课堂上听老师答疑，将传统的课堂传递知识和课外消化知识的学习步骤进行颠倒；MOOC（Massive Open Online Courses），即大规模在线开放课程，具有灵活性和开放性等优点，但会涉及大量视频制作，需要强大的网络支持，资金和人力投入较大；微课堂，是以课例片段为主要内容。这些教学模式的特点是：以学生为主体，以"学"为中心，其意义在于既激发了学习兴趣，又充分发挥学生的自主性，培养了学生的自觉性和创新能力。此外，还有"抛锚式教学""非指导性教学"等等，其教学理念和特征与前述几种模式类似。我国一些学者对上述教学方法进行了探讨，例如，对 PBL 的研究，有段爱旭（2015）、任红娟（2014）、杨翠蓉（2013）、石玉秀（2009）等；对翻转课堂的研究，有张金磊（2012）、钟晓流（2013）、胡杰辉（2014）、程晓伟（2015）等；对 MOOC 的研究，有刘伟（2014）、徐岚（2014）、陈绍继（2013）等。这些学者从宏观视角探讨上述教学模式的意义，但对于这些模式是否适用于国内的所有高校课堂、是否适用于各类学科，还研究得不够。尤其是对于某些高校的一些理论课，单纯地嵌入上述某种教学方法是否就能取得良好的效果，还有待进行深入调查和具体分析。本研究希望能提高行政管理专业的兴趣和学习主动性，增强"师生互动"和"生生互动"，注重过程教学以有效控制玩手机和逃课等现象，提高课堂质量，进而形成公共管理有特色的教学模式和教学方法。

第一节　公共管理教学方法改革的原因

公共管理人才培养模式涉及诸多要素，包括课程体系、教学方法、教学手段等，课程体系是人才培养的核心要素，而其他要素则是为了使课程体系正确而有效地安排和施教，从而使培养目标得以落到实处。课程体系的建设需要学生在"想学习-能学习-学得好"的教学环境下，探索教学方法改革创新，这既是教学改革发展的需要、民族高校人才培养质量提升的需要，也是学校层面转型的需要。

一、教学改革发展的需要

我国高等教育正面临着新的转型，20 世纪 80 年代大学开展的精英教育已经过渡到大众化教育，当前我国已经进入高等教育的普及化阶段。在全国范围内的供给侧改革背景下，高校的教育战略应进行全新的调整，注重以市场需求为导向来调整人才培养方案，实施个性化和应用型人才培养战略，积极推进应用型课程改革。

2015 年，教育部、国家发展改革委和财政部《关于引导部分地方普通本科高校向应用型转变的指导意见》中提出，要深化人才培养方案和课程体系改革。以社会经济发展和产业技术进步驱动课程改革，整合相关的专业基础课、主干课、核心课、专业技能应用和实验实践课，更加专注于培养学习者的技术技能和创新创业能力。专业应用类课程体系的课程设置应体现出时代的特点以及社会需求的热点，比如开设民族社区建设、民族文化资源的保存与开发利用、民族文化交流、民族地区现代化研究、民族地区的环境保护、民族地区贫困问题治理、民族村寨保护与发展等等应用性比较强的研究型专题课程。

（1）探索多维教学法的综合运用，如主题讨论、辩论、看视频谈观感、翻转教学、学生上讲台、知识竞赛等，有助于激发学生的兴趣，发挥学生的主体作用，培养学生自主学习的能力和分析问题的能力。

（2）有助于推动教师变革陈旧单一的课堂教学方法，提高教学能力和水平。运用多维教学方法，会对任课教师的课堂教学驾驭能力提出更高要求，也会促使教师用更多心思改善教学效果，从而使其教学水平得到提高。

（3）既不拘泥于传统的"老师讲学生听"的教学模式，也不盲目套用或单纯运用某种教学模式，而是根据学校的特点和学生实际情况综合运用各种教学方法，真正做到"因材施教"，这将会推动学校本科理论课教学质量的逐步提升，同时也为深化课程改革提供决策依据。

① 了解"中国政治思想史"课程的教学现状、存在的问题。该课程涉及政治学与行政学、法学、思想政治教育、行政管理等众多专业，通过对各专业学生的问卷调查及对学生和督导的访谈，了解该课程目前的教学效果，总结教学中存在的问题。

② 在"中国政治思想史"课堂教学中尝试应用多维教学方法。在负责人的课堂教学中，运用主题讨论、辩论、看视频谈观感、翻转教学、微课、学生上讲台、知识竞赛等多种教学法，记录各种方法运用后学生的反馈。

③ 探索如何将多维教学法推广应用到相关理论课的教学中。与"中国政治思想史"相关联的一些课程，如"西方政治思想史""中国政治制度史""西方政治制度史"等，都可尝试运用多维教学法来改善教学效果，提高教学质量。

二、民族高校人才培养质量提升的需要

2015年，国务院《关于加快发展民族教育的决定》中指出，少数民族地区高等教育的人才培养结构还将进一步优化。今后几年国家将积极支持有条件的民族地区设置工科类、应用型本科院校；引导一批民族地区普通本科高校和民族院校向应用技术型高校转型。民族地区资源丰富，市场潜力巨大，战略位置非常重要。但由于历史等原因，民族地区生产力总体水平较低，经济还较为落后，迫切需要众多高校尤其是民族院校为其提供大批创新创业人才。因此，高校尤其是民族院校应加大少数民族大学生应用型人才培养。应用型人才培养需基于应用型课程体系，要重视应用型课程体系建设，推动民族地区经济社会发展。

三、学校层面转型的需要

学校未来的教学、科研以及人才培养将侧重于应用特色。实际上学校这些年一直在推动这一进程，学校专业设置以及人才培养方案都在向应用型靠拢。以公共管理学院为例，学院一直坚持三个课堂的建设：传统课堂——属于传统的课堂授课环节，传授基础的专业理论知识；课外竞赛活动课堂——通过引导学生参加校内外的各种学科竞赛来提升学生专业学科能力；校外课堂——即通过校外政府和企业的实习、实训来提升学生的实践技能，并为未来的职业生涯做准备。应用型人才的培养应当从三个课堂入手，实现"传统课堂的信息化、课外竞赛活动的项目化、校外课堂的社会化"等转变。其中，信息化是指要将传统的课堂教学内容实现网络化，即线上与线下互联互通，保证教学资源"校校通、班班通、生生通"；项目化是指学生通过参加国内外、省级各类学科竞赛活动以及教师的科研项目来对专业知识进行实际运用；社会化是指将学生推荐到政府和企业进行顶岗实习，以及在校政校企合作平台、校内实训平台进行全真环境的企业实践，以此提升学生的职业技能，使其适应市场和社会的个性化需求。

第二节 公共管理人才培养的教学思路与方法

公共管理人才培养是高校培养的方向，要注重学生的综合应用能力、创新能力、社会适应能力等多种实用性能力，使学生成为高素质、高能力人才。教学改革是学校最本质的改革，其他改革都必须服务于这一改革。改到深处是教学，改到痛处是教学，改到难处也是教学。那么，对于民族高校而言，教学方法是教学改革的一项重要任务，是一项长期而复杂的工作。

一、以学生为主体的教学理念

公共管理人才培养重在改变以教师为主的教学模式，确立学生的主体地位，同时要在教学中创立一种科研的情境以及一种新型的师生关系。教师要充当学生学习过程中的"引导者"和"顾问"，以及学生情感的"激发者"和"维持者"，提高学生的自主精神、合作精神及探索能力，建立极具弹性的新型师生关系，加强师生之间的交流。发扬学生的个性，显示教学民主性的激励作用，给学生以主动参与教学活动、表现创新能力的机会。

二、以能力为导向的课程体系

很多应用型本科教育的课程改革中提出了"厚基础"的目标,但有研究认为这一课程目标并不适合应用型本科教育。研究认为,市场上真正适应力强的应用型人才得益于一般能力的习得和综合素质的提高,与深厚理论基础没有直接的关系。因此,应用型本科教育的课程设置要从社会所需要的知识和能力出发进行整体设计,课程重点是"实基础",而不是"厚基础"。

1. 以岗位群细分专业,将课程目标具体化

课程目标具体化是指课程目标的定位要考虑"学科-专业-行业-职业"链的关系,将学科门类细分若干个专业,每个专业细分为不同专业方向,每个专业方向可以对应市场的多个岗位群,每个岗位群又可分为不同的职业。如公共管理作为一个学科门类,行政管理、公共事业管理、劳动保障等都是公共管理学科门类中的不同专业。每个专业又可以细分为不同的专业方向,如行政管理专业可以分为公共人力资源管理、公共财务管理、电子政务等不同的专业方向,而这些方向对应多种岗位群,涵盖党政机关的办公室、人事档案、文秘宣传、工会后勤等方面的工作,企业的行政助理、人力资源管理、企业文化建设、公共关系管理、质量控制管理等方面的工作,以及非政府组织、中介组织和行业协会等相关管理工作。对应的学科、专业、岗位不同及培养对象存在差异,各个高校应用型人才培养模式也各有差异,但都是从岗位群和职业来动态调整课程,将课程目标具体化,通过一个个具体的课程目标,实现整体的课程目标和培养目标。

2. 兼顾整体性和差异性,使课程目标可操作化

在课程目标上,除了具体化,还应体现整体性,照顾差异性。少数民族大学生在本民族的文化背景下生长,在思想上具有较强烈的本民族文化意识,在价值观念、行为准则等精神文化内容方面,也具有较强的民族趋向性和稳固性。同时少数民族学生大多来自自然环境恶劣的边疆地区和偏远山区,这些地区一般比较贫困、办学条件较差、师资水平较低,这些都是影响学生发展的关键因素。[①] 因此,应当正视这些差异,在课程目标的制定上,既要体现整体性,实现我国高等教育所要达到的总的教育目的,又要根据民族学生的实际,照顾差异性。

---

① 郑一筠. 从少数民族教育对象的特殊性看民族院校课程的改革 [J]. 西北民族学院学报(哲学社会科学版),1999(2):113-117.

三、以技术为依托的教学改革

随着我国高等教育信息化走向"深度融合，引领创新"的新阶段，如何推动课程变革和创新，构建网络化、数字化、个性化课程体系，促进信息技术与课改工作的深度融合，成为民族院校面临的一个重要命题。中南民族大学以宏观和顶层设计的视角把脉教育信息化的制度与决策，以信息技术作为改进教学工作、提高教学质量的重要手段，以教育信息化力争实现民族院校课程改革工作的四个新突破，即教育信息化基础设施建设新突破、优质数字课程资源共建共享新突破、信息技术与课程教学深度融合新突破、教育信息化科学发展机制新突破为目标，实现课程改革内涵式持续发展。为加强课程改革创新的落实，推进教育信息化制度规范建设，《中南民族大学在线课程建设与管理办法》和《中南民族大学在线课程的认定细则》等一系列相关文件相继出台与落地。

以现代教育技术、教育学理论为指导，以网络课程资源为课程改革切入点，以网络教学信息综合平台和公共开放平台为教学环境，以混合式教学为教学方法，力求形成以学生为中心的教与学模式，是中南民族大学围绕教育教学课程改革所推行的一系列务实探索。

（1）利用现代教育信息技术，对各类开放式、混合式教学模式的实施进行探索。自2012年网络信息综合平台正式投入使用以来，平台访问人数增长趋势明显，其中在2015年增长尤为显著，在推进相关推广措施以后，平台的访问人数急剧增长，相比2014年同期，新增访问人数达212万。部分老师和学生已经在持续使用平台。

（2）加强教育的跨界融合，推进平台建设，提升教育管理信息化水平。进一步扩大了与公共网络课程平台的共建合作，每学期引进15门"尔雅通识教育网络课程"和5门"智慧树网络课程"。改变了以往引进单门课程的模式，在保留广受学生欢迎的课程的基础上，以类别打包模式进行引进，如即将向学生开放的文明起源与历史演变系列、国学经典与文化传承系列、通用能力系列等，极大地丰富了学生的选择，满足了学生的不同知识需求。

四、以立体式教学提升教育质效

在应用型人才培养中，需要实施多样化、科学化的教学方法。一是在教学过程中应该实施课堂教学与田野实践、田野调查相结合的教学方法。二是采取师生互动的方式，让学生参与课堂教学，实行"参与式"的教学方法。三是多种教学方法配合使用。采用案例式、讲评式教学，将教材内容与实践紧密结合起来，将讲评作业、社会调研结论与对学科知识的拓展学习紧密结合起来，打破传统的"封闭式"教学，实现精讲多练、学用结合。锻炼学生的文献检索能力，培养学生的创新意识。可以先让学生进行课前预习，从相关书籍或期刊中查阅本次课程所需要的最新信息和学术动态。在课堂教学中，由学生自己根据查到的文献资料做教学内容的补充，显然会有较好的教学效果。四是加强实践教学，鼓励师生参与民族地区经济社会发展实践项目，通过设计规划、文案策划等多种方式，全程介入民族地区资源开发、旅游发展、文化保护与传承、特色村寨建设与保护等过程，学以致用。四是运用现代化、信息化的教学手段。如将地理信息系统（GIS）引入课程教学与研究，对民族地区生态现状、变迁，村庄、城镇等文化，以及聚落形态等文化适应手段进行调查与分析。

五、以特色品牌打造铸牢主线的课程群

中南民族大学着力加强精品开放课程建设，以点带面，先后成功申报了一系列国家级和省级精品开放课程。其中，何冬兰教授主讲的"微生物学"入选第八批国家级精品视频公开课，田敏教授主讲的"民族理论与民族政策"入选第一批国家级精品资源共享课。此外，经济学院王祖山教授主讲的"历史中的金融学"入选 2015 年湖北省省级精品视频公开课。法学院陈光斌教授主讲的"外国法制史"、文学与新闻传播学院高卫华教授主讲的"新闻学概论"、化学与材料科学学院胡军成教授主讲的"物理化学（含物理化学实验）"、管理学院李杰教授主讲的"管理学原理"、计算机科学学院帖军副教授主讲的"计算机科学导论"和美术学院吴海广教授主讲的"色彩"等 6 门课程入选 2015 年度湖北高校省级精品资源共享课。此次中南民族大学 9 门课程的成功入选，对于加快中南民族大学在线课程群建设，传播和展示优秀教师的先进教学理念和方法，推动优质课程资源的共建共享，进一步提高教育教学质量，均具有重要的示范作用。学校将以此为契机，积极开展"互联网＋课程"建设，努力构建品牌特色课程群，促进课程建设再上新台阶。

目前，学校各级精品视频公开课和资源共享课程在线运行情况良好，教学团队制作了丰富的课程课件、习题案例、视频等资源，也编辑、设计了大量与教学相关的扩充性资料，建立了学习讨论区进行师生互动，组织专业教师录制了课程录像，充分完善了多媒体网络资源。通过案例库、专题讲座库、录像资源库等拓展资源，方便学生获取尽可能多的有用信息，满足学生不同程度的学习需要，实现在传统精品课程基础上的延伸，深化资源共享和教学互动等一系列功能。除此之外，充分利用网络课程平台资源，加大宣传，促进学与教的关联、共生、和谐和平衡，培养一批开放式、混合式教学的骨干教师和优质课程，特别是具有民族

特色的网络课程，将受益面扩大到所有民族院校和其他高校学生。中南民族大学教师在"智慧树"平台上线的"异彩纷呈的民族文化"，采取多人合作授课的方式，介绍了土家族、蒙古族、苗族、藏族、白族、哈萨克族、黎族、毛南族的基本概况和民俗活动等。授课教师结合自己的研究专长讲解民族文化，给学生做出了示范。

第三节　公共管理人才教学方法改革创新

行政管理专业在应用型人才培养中，从四个方面着手：一是建设课程超市，多样化培养学生；二是设立课程基金，鼓励课程改革；三是创新推动课程教学方法改革；四是促进课程考试考评改革。以模块化、结构化课程体系对应学生核心竞争力体系建设，教师全方位提供，学生自主选择。另外，开展校校合作、政校合作、校企合作，共建相关课程。

一、调研学生需求，建设课程超市

课程设置前广泛征求行政管理专业学生的意愿，在对选修课程的开设和选择进行调研的基础上，明确学生希望开设什么课程，老师能开出什么课程，根据学生的需要来提供课程。兴趣是最好的老师，有利于调动学生的学习积极性。同时将选修课以课程超市的形式进行开放，实行专业招生、全院打通培养的模式。在专业必修课方面，按照教育部规定开设必修课程，每门必修课由两位老师开设，让学生拥有自主选择权；在选修课方面，全院三个专业打通开设，每位老师需开设 3～5 门选修课，全院打造 100～150 门选修课供学生选择。在课程设置之前，进行选修课调研，广泛收集学生意见及建议，根据学生需要来开设课程，将选修课以课程超市的形式进行开放。一方面，有利于满足学生学习需求，调动学生的学习积极性；另一方面，通过学生用脚投票的方式，形成动力机制，促使老师变被动为主动。为此，课程改革小组的王志华老师以及汪智涛、瓦力斯等学生代表牵头将课程超市的建设落到实处，在课程改革研讨会上，教师与学生各抒己见，深入交流，共同探讨，推动课程改革深入发展，进一步推进教师与学生共建，将行政管理专业综合改革落到实处，提高人才培养质量。

二、设立课程基金，鼓励课程改革

2013 级行政管理专业举行了项目研究设计大赛、SPSS 操作技能大赛。两次大赛以团队的形式进行,其出场顺序及讲解人员在比赛即将进行时抽签随机产生,SPSS操作大赛的操作题目当场抽签决定。基于课程基金,课程对获奖的团队进行表彰,鼓励学生更好地掌握课程知识,并在具体项目中进行运用。同时,基于课程基金,行政管理专业充分挖掘学校公共管理硕士(MPA)研究生在政府部门工作的优势和资源,请 MPA 研究生进课堂,参与部分课程的讲解。邀请武汉大学、华中科技大学、同济医院等单位的相关专业教师和优秀博士、博士后进课堂,参与教学互动,突出行政管理实践特色。同时,邀请来自基层社区、社会团体、杰出校友等具有丰富实际工作经验的人员进课堂,传经送宝,担任实践性、操作性、特色化课程的指导教师,参与相关课程的互动,很受学生欢迎。

已有的相关研究虽然构建的实践教学体系结构不同,但基本上遵循传统的体系范式,都包括目标、内容、管理和保障四个方面。本研究拟将人才培养目标、实践教学活动和环境资源作为三大要素来构建实践教学体系。

(1)激发学生对专业学习的兴趣。在实践教学过程中,使学生成为实际操作的主角,学生从被动听教师讲授、机械记忆知识转变为主动参与实际操作。这种角色的转变使得学生能积极主动地记忆和理解理论知识,学生的学习兴趣自然而然地被激发出来。

(2)使学生对理论知识有系统的认识。学生在实践教学过程中,必须综合运用课程所讲授的知识点,才能完成整个实践任务。这就要求学生必须首先掌握该课程的所有知识点并将其融会贯通,从而使学生对该课程知识有系统的理解和认识。

(3)提高学生理论联系实际的能力。在进行实践教学时,有时会出现一些问题,仅靠照搬原有理论是无法解决的。这就需要学生灵活运用所学理论知识并提出解决方案,从而使理论在实践中得到进一步深化。

(4)提高学生实际操作能力。通过实践教学,可以使学生全面掌握各项公共政策的制度设计和具体实施的流程。

三、积极推动课程教学方法改革

中南民族大学公共管理学院探索实施多种教学模式,开展小班化、团队化、个性化教学。主要采用多师协同与模块化教学模式、主讲与辅讲相结合模式、大班授课与小班辅导模式、大班授课与小班实验模式、教师挂牌与学生选课模式、双师同堂模式、专题讲座与专题讨论相结合模式、理论专题与专项社会实践相结合模式等,重视学生在学习中的主体地位,鼓励教师广泛运用启发式、探究式、讨论式、参与式、情景式、案例式等教学方法,充分调动学生学习积极性,激励学生自主学习。支持双语教学和英语教学。对外语、数学采用分层教学模式,根据学生的外语和数学成绩分层设班教学,选派优秀的教师因材施教。学院在推动课程教学方法改革上具体包括以下几个方面。

1. 翻转课堂教学

通过"前言导读+专题研讨+项目实训"的方式,实行教学"翻转",通过小组研讨、PPT展示、情景模拟等教学手段,实现课堂教学由以"教"为中心向以"学"为中心转变,激发学生理性思辨能力和实践创新能力。本专业拟进行翻转课堂教学改革的课程有"西方名著选读""电子政务""公共政策学""科技写作规范与技巧"等。

2. 双语教学

通过开设双语教学课程,一方面促使教师提升英语能力和拓展国际视野,另一方面强化学生的英语口语与听写能力。目前本专业已经开设的双语教学课程有"公共经济学""电子政务""城市管理学"等。下一步将增设"管理定量分析"等课程。同时,邀请国外公共管理专家学者前来双语授课,在大二、大三学生中尝试增加"国际公共管理比较研究"系列专题课程,强化专业英语能力。

3. 慕课和微课教学

借助学校在线教学互动平台,尝试慕课和微课教学模式,作为课堂教学的补充形式,帮助学生及时有效地获取教学资源。目前,行政管理专业已经借助尔雅通识课网络平台开设了4个学分的公选课。近期,本专业将实施微课教学的专业课程包括"公共组织绩效管理""公共部门危机管理""博弈思维"等。

4. 情景教学

以逼真的情景设置、精心准备的研讨案例为学生创造模拟课堂,增强学生学习的体验性和感悟性。除了已有的"电子政务"课程采取模拟软件教学以外,"城市管理学"课程计划引进模拟城市管理软件进行教学,开展模拟城市规划与管理比赛,"人才甄选测评与面试技巧""团队建设与领导力开发"等课程采取无领导小组讨论、管理游戏、体验式教学,提升实务性课程的教学质量。

5. 专题式教学

结合行政管理专业特点和课程内容开设相关专题,聘请政府、企业、非政府组织相关负责人进课堂,开展创新创业专题研讨式教学。本专业拟进行专题式教学的课程有"科技创新管理""创业管理""创新创业案例分析"等。

6. 特色课堂

充分挖掘中南民族大学公共管理硕士（MPA）研究生在政府部门工作的优势和资源，请 MPA 研究生进课堂，参与部分课程的讲解。邀请武汉大学、华中科技大学、同济医院等单位行政管理相关专业教师和优秀博士、博士后进课堂，参与教学互动，突出行政管理实践特色。同时，邀请来自基层社区、社会团体、杰出校友等具有丰富实际工作经验的人员进课堂，传经送宝，担任实践性、操作性、特色化课程的指导教师。

7. 案例教学法

案例教学成为哈佛大学肯尼迪政府学院实施教学的主要方法和手段。行政管理学要培养出适应市场经济需要的应用型人才，案例教学是实现该目标的有效途径。行政管理学是研究政府依法管理国家事务、公共事务和机关自身事务客观规律的科学，涵盖行政环境科学化、行政组织合理构建、政府机构改革、人事行政管理、依法行政、行政监督、公共危机管理等多方面的内容。作为一门实践性非常强的学科，行政管理教学的首要目标是使学生灵活运用行政知识解释和指导实践，在实践活动中深入理解和丰富行政管理知识。案例教学可以把行政管理的现实问题带入课堂，公开讨论行政理论在管理实践中的适用性，既能强化行政理论的学习与研究，又能立足于真实案例深入分析现实问题，进而为学生提供更多的交流机会，达到课程的教学目标，培养学生的探究能力和理论联系实际的能力。

为适应"大数据""互联网＋"等对教学管理的新要求，目前公共管理学院的一些专业已设立了"民大公管微信公众平台"，通过微信平台将学院的课堂教学、科学研究、学生管理、党支部活动、团学活动等信息集中"打包"，公布课堂到课率，发布重要通知、信息，促进老师与学生，以及各年级学生之间的信息交流。实现课上与课下、线上与线下、教学与管理以及学生与任课老师、辅导员等多方无缝对接。

第五章

新文科背景下民族院校公共管理人才的实践能力培养

第一节 实践教学在我国公共管理人才培养中的重要性

公共管理是一门实践性较强的应用学科，在进行理论教学的同时应与实践紧密结合。一方面，教师传授的知识应源于理论研究成果，同时也应源于重要的实践经验总结。另一方面，教师应通过教学、培训、研究与村庄、社区、街道、市区等积极联系，学生也应通过实习、调研、服务等活动积极融入社会。

实践教学是行政管理专业应用型人才培养的重要组成部分，也是提高大学生人文素养和科学素养的重要途径之一。从普通高校本科培养的目标来看，大学教育对本科生的培养已由单一知识型向能力型、素质型和应用型转变；从普通高校的基本定位来看，综合型大学本科教育更应重视学生应用能力的培养；从专业目标设置来看，实践教学是提高专业水平和促进学生全方位发展的重要手段之一。公共管理作为一门实践性较强的应用型学科，要求学生必须具备将课堂所学理论知识转化为服务实践的能力。这就需要学校将理论授课单元和实践延伸单元相结合，引导学生重视实践教学环节，逐步建立长效机制。

一、实践教学的概念界定

实践教学这一概念较早出现在顾明远主编的《教育大辞典（增订合编本）》（1998年版）中，并被定义为："相对于理论教学的多种教学活动的总称。包括实验、实习、设计、工程测绘、社会调查等。旨在使学生获得感性知识，掌握技能、技艺，养成理论联系实际的作风和独立工作能力。通常在实验室、实习场所等一定的职业活动情景下进行，作业是按专业或工种的需要设计的。"

刘长江等人从实践教学与理论教学的区别来定义实践教学："一、实践教学与理论教学之间的区别，主要反映在内容、形式和功能上。这是实践教学概念的基本着眼点。二、实践教学是相对于理论教学而存在的，离开了理论教学，孤立地谈实践教学是难以表述清楚的。三、实践教学概念还有三个方面的含义：1. 实践教学是一系列教学活动的组合；2. 实践教学属于教学活动的某一种，具有教学的属性，应有明确的教学目标、内容、活动形式、检查手段和考核指标；3. 学生的思考和操作必须有教师的指导，这是实践和实践教学的本质区别。"[1]

鉴于以上关于实践教学含义的观点，可以从狭义和广义来定义实践教学。狭义上，实践教学是指社会实践，以知识理论为依托，通过学生对社会实际生活的参与和体验，提高学生的认知能力、理解能力、动手能力等。广义上，实践教学是区别于课堂理论教学的一种教学模式，是泛指课堂之外，在教师的指导下，引导学生有目的地参加课内与课外、校内与校外的各种实践活动，并在实践中不断提高学生综合能力与创新意识。而行政管理专业的实践教学更加侧重于践行广义的实践教学。

二、公共管理实践教学的特征

理论教学与实践教学是行政管理专业教学体系的重要组成部分和关键环节。两者之间是相互依存关系，理论教学依赖于实践教学的检验，实践教学以理论教学为指导。但实践教学相对理论教学而言，其特征、教学内容和教学形式更加复杂多样。特别是行政管理专业实践教学不同于一般意义上开展的社会实践，它更要求开展的实践活动要服从于专业培养的特定目标。其具体有以下几个特征。

1. 实践教学的社会性

所谓实践教学的社会性，是指其学习基于某种社会协商，其概念认知和技能学习都被置于特定的物理及社会情境中，要求学习者以个体或团队形式通过社会参与和互动来进行体验学习。[2] 体验学习实际上是一种让学习者作为参与者了解世界的学习方式，社会不仅提供了认知的内容和语境，同时也让认知本身更具有

---

[1] 《高等教育面向21世纪教学内容和课程体系改革计划》04-4项目组.高等农林本科教育实践教学体系改革的研究与实践[M].北京：中国农业大学出版社，2001.

[2] 游柱然，胡英姿.体验与建构——当代美国高校实践教学研究[M].北京：中国社会科学出版社，2014.

意义。行政管理专业涉及的问题具有综合性、社会性的特点，这就要求我们关注并促进大学生的兴趣、态度、知识、方法、能力和价值观念等方面的综合发展。比如通过参与社会公益活动和教师的指导，可以培养学生的奉献精神和服务意识，可以唤起学生强烈的情感体验，使之更加认同理论教学的知识，做到知行合一。

2. 实践教学的真实性

真实性是实践教学的必要元素。实践必须基于真实世界的情境，同时必须对真实世界产生积极的影响。所谓真实性，是相对于传统学校课堂教学方式而言的。由于传统课堂教学的学习过程和研究内容往往是计划安排好的、固定的，因而相对较为程序化，问题也基本停留在书面内容和理论层面上。学习内容往往宏大而抽象，知识点高度概念化、层次化和综合化，学习过程有明确的组织性，学习回答的问题也常常有固定答案和固定格式。由于过于抽象化和格式化，这种学习方式与内容很难引起学生的共鸣和兴趣。因此，实践教学弥补了这一象牙塔式教学的局限性，让学生能接触现实世界的复杂问题，切实去感受问题、解决问题。与理论研究不同，真实世界问题更加复杂，这使得完成实践活动需要运用多方面综合的知识和技能。同时，实践教学的真实环境具有不确定性和开放性，这就让学生有了探究的必要，也极大地锻炼了学生解决问题、沟通交流等方面的能力及辩证性思维和创造性思维。此外，实践教学的真实性也有助于学生沉浸到现实问题情境的细节中去，这让学习过程更富有意义和内在驱动力，从而让认知教育、情感教育和道德教育得到完美融合。

3. 实践教学的自主性

传统的理论教学主要强调以学科知识体系为中心，侧重于教师单一主体的理论讲解。教师具有很高的权威性，学生长期处于被动接受知识的状态，不是真正意义上的自主学习。然而，实践教学更加突出学生的学习主体性。课堂教学的主角是教师，实践教学的主角则是学生。在实践教学中，学生可以主动参与和亲身体验，并居于主体地位，自愿并积极投入到实践活动中去，让学生实现充分自主。实践教学因其内容的丰富性、形式的多样性、过程的自主性，给予了学生更多的选择权，可以培养学生自我判断、自我教育、自我控制、自我负责的能力，锻炼学生识别、控制、利用、改造环境的能力，使学生按照社会的需要和自身的需求来塑造自己，充分发展个性。

4. 实践教学的开放性

实践教学与传统的理论教学相比，在时间、空间以及学习主权上更加放松、开阔。实践教学是真正以学生为中心的教学方式，它强调个体的主动认知，赋予学生主动权来决定需要学什么、如何学习以及思考这种学习对于将来的影响。具体体现在，教师常常避免对学生的实践项目和实践反思进行过多的控制和引导，尽可能地将决定权交到学生手里。教师常常不具体分派任务，而是让学生自己决定或小组协商设定个体和群体目标，决定实践项目的内容和实施方式。教师更多承担的是支持学生小组学习的协助者的角色，为学生实践学习提供相关信息并在项目实施过程中组织学生进行讨论。教师在讨论中较少发言，而是注意倾听，分享信息，并在关键性的节点上进行指导。这种开放性的教学方式有利于启发学生主动探寻知识的意识并通过反思与行动的循环来解决实际问题。

三、公共管理实践教学的目标

行政管理专业以服务实践观为视角，除了坚持知识和技能方面的发展外，更加重视经验、规范习得与身份认同以及情感态度、反思实践能力等方面的培养。行政管理专业实践教学的主要目的不是仅仅验证理论知识、巩固理论知识，也不是掌握零碎的、片段的技能，而主要是培养学生的专业能力或职业能力，这种能力是个体在现实的专业实践或者职业工作中体现出来的才智、知识、技能和态度的整合。具体来说，行政管理专业实践教学主要有以下三个方面的目标设定。

1. 通过实践教学使学生获得经验

什么是经验呢？经验一般有两种解释：一种是作为名词的经验，指的是通过感觉器官获得的认识；另一种是作为动词的经验，相当于经历。美国教育学家戴尔在1946年出版的《教学中的视听方法》一书中，对经验的结构进行分析，提出了"教育经验之塔"的概念，简称"经验之塔"。他认为，经验可以分成三大类：第一类是"做"（直接经验）；第二类是"观察"（间接经验）；第三类是"抽象符号"（高度抽象的经验）。[①] 经验主义者认为，经验是认识的唯一来源，人类的一切认识必须能够被还原为经验性的命题，并能够被经验所证实。毛泽东在《实践论》中说过：你要知道梨子的滋味，你就得变革梨子，亲口吃一吃。你要知道原子的组织同性质，你就得实行物理学和化学的实验，变革原子的情况。你要知道革命的理论和方法，你就得参加革命。一切真知都是从直接经验发源的。理论与实际经验相结合是现代教学的基本原则，更是行政管理专业教学的根本原则，而实践教学就是获得实际经验的主要途径。行政管理专业在培养学生各方面

---

① 李伟. 实践范式转换与实践教学改革 [M]. 北京：教育科学出版社，2010.

能力的同时，尤其应该注重经验的获得，因为在一个各方面以知识为基础的时代，"个体直接经验被贬抑将会直接导致社会活力和创造力的丧失"①。

2. 规范的习得也是行政管理专业实践教学的主要目标之一

规范对于人类实践活动具有重要意义。夏建国在《实践规范论》一书中认为"规范性是人类实践活动的最本质的特性"②，把规范提到一个非常高的地位。为了取得实践的成功，必须从各种模糊的可能性中找出获得成功所必需的正确的实施方法或可能性来。这种正确的方法作为一种规律被人们所认识，并且被作为规则或者习惯固定了下来。尽管人们不断强调实践活动中规范或者规则的作用，但是很多人在实践教学中忽视了规范的习得这一重要目标。对于行政管理专业的实践教学来说，规范的习得是必不可少的，当然这里的规范的习得不仅仅停留在技术规范和专业规范的习得上，还包括道德规范等隐性规范的习得。

3. 反思能力的培养也是行政管理专业实践教学的主要目标之一

实践教学的重要目标在于培养实践者的反思能力。实践教学中，学生会经历从来没有经历过的情境，会遭遇从来没有遭遇过的事件，会体验从来没有体验过的困难，会面对从来没有面对过的问题。要充分利用学生遭遇的各种情境、事件、困难、问题和矛盾，把它们看作促进学生反思的契机，通过不断地促进学生反思，使学生成长为反思性实践者。反思能力是创新精神和实践能力的核心要素之一，反思活动也是培养创新精神的重要途径。对于行政管理专业的学生来说，实践不是机械的重复劳动，而是在具体的、不确定的现实情境中解决问题、反思问题，进一步实现创新意识和创造性思维。

第二节　公共管理多维度实践教学体系的构建

公共管理实践教学体系是围绕应用型人才培养的目标而设置的，由各种实践教学形式和实践教学活动构成的实践教学内容的有机整体。行政管理专业在制订教学计划时，应通过合理的课程设置和各个实践教学环节（教学实习、社会实践、毕业设计）的合理配置，建立起与理论教学体系相辅相成的多维度实践教学内容体系。

---

① 石中英. 教育哲学的责任与追求 [M]. 合肥：安徽教育出版社，2007.
② 夏建国. 实践规范论 [M]. 北京：中国社会科学出版社，2006.

一、公共管理多维度实践教学体系的设计理念

（一）以多形式支撑建构多维度实践教学体系

公共管理实践教学改革由以往的单一形式向多形式发展，以多形式支撑建构多维度实践教学体系。这种多维度实践教学体系能够拓宽学生的实践渠道，丰富学生的实践内容。中南民族大学行政管理专业采用了表5-1所示的多维度实践教学体系。

表 5-1　行政管理专业多维度实践教学体系

实践项目	实践名称	实践学分	实践时间	开课学期
集中性实践	社会调查	1	1周	3
	革命传统教育基地考察	1	1周	4
	基层治理中的中国智慧	1	1周	5
	社会保障高质量发展社会实践	1	1周	5
	劳动教育	1	1周	1
专业实习	军事技能训练	2	2周	1
	工程训练B	0.5	1周	5
	申论写作竞赛	1	1周	6
	SPSS操作技能大赛	1	1周	4
	公共部门实习	1	1周	4
	劳动与社会保障教学实习	2	2周	5
	行政管理教学实习	1	1周	5
素质拓展	就业指导	1	1周	6
	创新教育	3	3周	—
	创业教育	2	2周	—
	国家安全教育	1	1周	2
	艺术实践	1	1周	1
毕业论文	毕业实习	4	4周	8
	毕业论文写作	6	6周	8

1. 公共管理综合性实践教学

公共管理综合性实践教学是指通过毕业论文、毕业设计形式让学生撰写基于实践研究的较高质量的学术论文,这要求学生有较高的专业综合素质和综合能力。在行政管理专业毕业论文设计中,指导教师根据国家培养目标要求,拟定相应的论文题目,组织学生进行社会调查,让学生完成对具体社会现象、公共问题的分析,这需要学生综合利用大学四年的专业理论知识结合现实调查,深入具体地剖析问题,并对社会现象或问题提出具有科学性、可行性和有效性的解决措施。

2. 公共管理阶段性实践教学

公共管理阶段性实践教学是指通过集中安排假期社会调查、行政管理教学实习、基层政府管理教学实习等实践内容,让学生把平时积累的专业知识进行阶段性总结和综合运用。

1) 假期社会调查

专业社会实践主要是利用大二、大三、大四上学期的假期就社会热点、焦点、难点问题进行专题调研,让学生接触社会、了解专业,有利于增强理论教学的针对性与实效性。通过社会实践活动引导学生深入基层、深入群众、深入实际,促进社会实践与专业理论相结合、与择业就业相结合、与创新创业相结合。

假期社会调查一般分为专业老师带队调查研究与学生自行调查研究两类。老师带队调查研究项目比较固定,同时可以在调查中随时指导学生实践,及时发现并解决学生在实践中遇到的难点问题。学生自行调查研究是从现实出发,与学生的生活经验密切联系,让学生自由选择,参与到社会实践活动中去。这有助于培养学生的"问题意识",促进学生主动参与、亲身体验,提高学生独立思考能力、组织管理能力、创新能力和社会适应能力。因此,通过假期社会调查可以让学生关注家乡、关注社会、关注农村和城市发展中的问题,强化学生的责任感。

2) 行政管理教学实习

行政管理教学实习环节一般是在大学二年级的下学期开展的,在这个环节中,教师给予学生一个星期的调研时间,分组完成指导教师布置的专业调查研究任务。这些调研问题是行政管理专业中存在的焦点问题、热点问题,需要学生利用一周时间深入调查环境,做好职责分工,写出调查报告。

因此,在行政管理教学实习中,学生是实践的主体,应当主动进行体验、合作以及反思。但教师的角色也绝非可有可无,有效的实践教学需要专业教师事先进行精心设计和安排。同时，在实践学习过程中也需要其对学生进行意见反馈、监控和协助，在实践项目结束之后还需要组织课堂总结陈述并进行评估。

3）基层政府管理教学实习

基层政府管理教学实习是行政管理专业通过校外实习基地开展实践教学活动，充分利用校外资源优势激发学生学习专业知识的热情，提高其分析、解决实际问题的能力。行政管理专业在构建实践教学实习基地上，根据专业需要，建立了一批相对稳定的实践教学基地，并设立了科学化、规范化的长效机制。在基地实习中配备指导教师，专业带领、指导学生实习。实现了实践基地教学与理论课堂教学的深度融合，充分发挥了教学实践基地与理论课堂相互促进和相互补充的关系。中南民族大学公共管理校外实习（实训）基地建设情况（2013—2023年度）如表5-2所示。

表5-2 公共管理校外实习（实训）基地建设情况（2013—2023年度）

年度	校内专业名称	实习（实训）基地名称	基地合作协议签订时间/年	年度平均接纳学生数/人	基地校外指导教师姓名	基地等级
2013	行政管理	湖北智点道教育科技有限公司	2013	30	陆居权	校级
2014	行政管理	武汉市洪山区政府高校服务办公室	2014	50	孙兆臣	校级
2015	行政管理	武汉市民族宗教事务委员会	2015	60	雷建锋	院级
2016	行政管理	—				
2017	行政管理	荆州市西城区街道办事处	2017	20	周斌	院级
2018	行政管理	武汉市洪山区关山街道办事处	2018	80	—	校级
2019						
2020						
2021	行政管理	恩施州恩施市政务服务和大数据管理局	2021	20	曾伟	校级
2022	行政管理	恩施州恩施市屯堡乡政府	2022	30	雷世军	校级
2023		—				

（二）重视实践教学与理论教学的衔接，以"问题意识"指导实践教学

公共管理实践教学可以看成是一个输入——输出的过程，理论、信息和技术等方面的学习构成了学生的信息输入，实践项目则构成了对已输入信息的输出过程。这个输出过程是基于现实问题的研究与实践，包括对理论的理解和应用，更包括调查、沟通、协作、反思、分析、综合、决策和检验等复杂的过程。行政管理专业理论教学是实践教学的必要准备，没有理论教学，则学生难以掌握系统的专业概念、判断、推理等理论知识。因此，行政管理专业实践教学必须要与理论教学相联系，以"问题意识"指导实践教学，促使学生在实践中带着问题进行亲身感受和体验，并鼓励学生善于发现并思考实际情境中的问题，把深入思考的问题再带回课堂，用系统的理论去解释验证。

（三）以高质量的实践教学为目标

公共管理实践教学与一般的社会实践不同，它追求的是让学生获得高质量的实践学习，因此设立实践目标和规划实践内容必不可少。在实践教学的初期准备阶段，教师、院系领导、实践教育负责人和学生需要决定实践学习的确切目标，即为什么要进行此次实践，学生通过实践能够体验、学习到什么内容，以及采用什么样的实践学习方式才能达到学习目标。也就是说，实践教学的具体目标为学习内容和方式提供了指向以及测量学生学习成果的依据。其中，对实践项目进行详细计划有利于达到学习目标，这些计划包括实践前的理论学习、学生动员以及相关注意事项讲解，还包括小组分工安排、调研方法培训、与实践合作对象的沟通方式、小组成员之间，以及与指导教师之间的交流方式、实践日志和进展报告写作等。在实践教学中，这种详细计划尽量能够具体到实践项目的每个环节，这些安排越详尽，就越有利于实践的成功实施，使得学生获得高质量的实践学习。2023年中南民族大学暑期社会实践活动如表5-3所示。

表5-3　2023年中南民族大学暑期社会实践活动

实践活动	实践目的	实践内容
"习近平新时代中国特色社会主义思想宣讲"专题社会实践活动	学习、贯彻党的二十大精神，将理论学习与社会实践相结合	学习、贯彻习近平新时代中国特色社会主义思想，深入一线基层、深入人民群众，面对面开展互动式、有特色、接地气的宣讲活动

续表

实践活动	实践目的	实践内容
"青年红色筑梦之旅"专题实践活动	引导青年学生加强爱国主义教育、弘扬红色文化、传承革命精神	组织大学生重走红色足迹、追溯红色记忆、访谈红色人物、挖掘红色故事、体悟红色文化，感受红色精神伟力
"铸牢中华民族共同体意识"专题实践活动	深入领会铸牢中华民族共同体意识这条党的民族工作主线	开展形式多样、内容丰富的实践活动，增进青年学生对伟大祖国、中华民族、中华文化、中国共产党、中国特色社会主义的认同
"机关政务实习，体察国情社情"专题实践活动	积极投入政务实习岗位	投身城市街道社区、党政机关，在基层治理工作一线经受锻炼、增长才干，体察国情社情，运用专业知识服务基层治理
"不懈追寻，科研助力强国梦"专题实践活动	专业知识与参加专业实践相结合，提升大学生运用专业知识分析、解决实际问题的能力	鼓励大学生积极参与科技下乡、科技培训和技术推广等社会实践活动，弘扬科学精神、传播科学思想、普及科学知识，推动大众科学素养提升
"展公益之力，助社会和谐"专题实践活动	培育心系社会、具有家国情怀的当代青年人才	鼓励大学生积极参与乡村振兴、环境保护、文明实践、关爱少年儿童、为老服务、阳光助残、卫生健康、应急救援、社区治理、节水护水、文化传播与旅游服务、法律服务与禁毒教育等类型志愿服务活动

续表

实践活动	实践目的	实践内容
"美丽中国，绿色发展"专题实践活动	带动更多人参与到环境保护的行动中，为环保事业贡献自己的力量	通过生态调研、查找文献、实地走访调查等方式了解家乡生态现状，寻求解决措施，总结生态文明建设经验
"挑战杯"专项实践活动	为"挑战杯"进行积极准备	着眼于"发展成就""文明文化""美丽中国""民生福祉""中国之治"等5个方面设置专题进行调研
500强名企创新创业预备营	—	—
"家乡美，我为家乡代言"专题创业实践活动	了解家乡政治、经济、社会、文化和生态发展变化状况	挖掘家乡农副产品特色和亮点，传承优秀传统文化，为家乡农副产品和文创产品代言，开展创业实践活动，助力乡村振兴
国外社会调查项目	—	—
联合国日内瓦办事处实地交流项目	—	—
国际志愿者实习项目	—	—

二、"一体化三层次"的实验课程体系

2021年，行政管理专业获批国家级一流本科专业建设点，对专业发展提出了新的建设要求。实验教学作为人才培养质量的重要环节，也是国家级一流本科专业建设的重点内容。目前，专业核心课程普遍缺少虚拟仿真教学平台来支撑。公共管理虚拟仿真实验平台建设将引入具有智能反馈、虚拟仿真、人机交互等功能的先进、专业的软件平台，以支撑行政管理国家级一流本科专业建设。本项目将以"培养一流的行政管理实践人才"为中心建设宗旨，顺应"互联网＋"的发展潮流，融合大数据、人工智能、移动互联网等技术，重点构建"一体化三层次"的专业实验课程体系，培养一流的行政管理人才。

依托公共管理学科专业软件公司的优势资源,与本校共建"一体化三层次"(一体化的实验平台+三层次实验(基本型实验、专业型实验、综合型实验))的行政管理专业实验课程体系(见图 5-1),满足一流行政管理人才培养需要。由公共管理学科专业软件公司提供实验平台和培训人员,学校提供教学用地、专业课程实验目的等内容。为教师提供操作性强、数据库广、时效性新的可利用资源,为学生提供虚实互动的实操环境,建成与理论课程相呼应的专业实验课程体系。

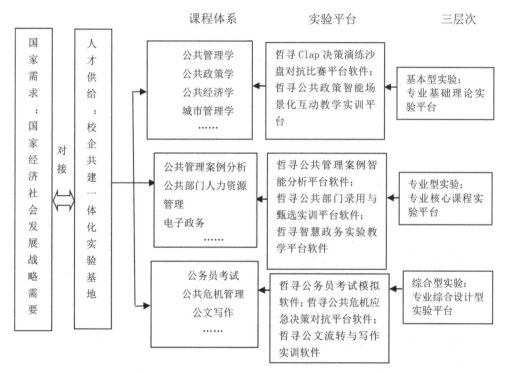

图 5-1 "一体化三层次"的行政管理专业实验课程体系框架图

(一)"一体化三层次"实验课程体系建设目的

结合公共管理学院开展公共管理学科建设和培养高层次、应用型、复合型的公共管理人才的实际需求,设计、规划公共管理虚拟仿真综合实验教学平台作为实验教学与科研支撑的平台,拟解决以下主要问题。

1. 推动行政管理专业学生积极参与核心课程竞赛

学科竞赛成果作为衡量学科发展和人才培养质量的重要考核指标,目前各高校都已经加大对本科专业学科竞赛的支持力度,鼓励学生走出去、多交流,以赛代练、以赛促学，提升学生综合能力。通过建设公共管理虚拟仿真实验室，引入先进的硬件设备和竞赛平台，来支撑学生参加西南地区乃至全国公共管理学科竞赛活动，依托实验室平台，本科生参加全国大学生创业创新项目、"互联网＋"项目等项目竞赛，为学生提供以赛促学的机会，未来将从"一专业一赛事"发展到"一核心课程一赛事"。

2. 建成具有仿真功能的专业课程实验平台

建设以培养一流实践能力为目标的专业实验课程体系，结合公共管理学科专业软件公司和本校软硬件资源、教学用地等共建实验基地，设计专业实验课程建设方案和实施路径，开发专业核心课程的实验教学体系、实验教学方案、实验教学大纲和实验配套软件，坚持"以学生为本"，提升学生的操作能力。

3. 解决公共管理学科本科实验教学短板问题

中南民族大学公共管理学院公共管理类专业主要包括行政管理专业、劳动与社会保障专业、土地资源管理专业和政治学与行政学专业，专业学生生源和学科建设依然处于发展阶段。公共管理类专业成立初期建设采买部分软硬件，对专业发展起到一定的作用。但是近几年对公共管理类专业实验室建设一直处于停滞状态，导致目前公共管理实验教学设备老旧、不成体系、功能零碎、缺少先进的软件教学设备等，已经严重制约了公共管理学科实验项目的开设，严重影响了本科教学质量的提升。随着科学技术的发展，许多公共管理学科课程需要通过模拟实际工作环境，加强学生动手能力的培养，培养学生的实际管理能力。由于公共管理学院缺少新设备、新技术的引入，与社会对应用型人才的需求已经脱节。学生缺乏到企业实践的机会，理论与实践的脱节已成为影响培养具有现代管理理论与技术的公共管理人才的重要制约因素。因此，需要整合资源，明确公共管理类专业的应用型人才培养定位，考察兄弟院校的实验室建设情况，规划建设公共管理虚拟仿真综合实验室，以解决公共管理学科本科实验教学短板问题。

4. 打破公共管理偏重理论知识传授的难题

随着信息技术在各行各业的渗透，公共管理的教学理念也在不断发展。当前，公共政策虚拟仿真分析技术、社会治理研究方法、公共管理决策沙盘推演、应急管理应急决策实验、公共管理案例研讨与分析技术等现代化的教学手段正成为公共管理类本科专业课程教学发展的必然趋势。建设公共管理虚拟仿真综合实验室，一方面反映了公共管理教学现代化的需要，另一方面也是化解人文社会科学实验难的有效途径。通过实验室建设，打破公共管理以往偏重理论知识传授，而忽略实践能力培养的瓶颈，推动公共管理教学向实验性和操作性的模式转变，借助互联网信息技术,建立综合性的公共管理虚拟仿真综合实验室,整合各类资源来更好地培养学生的实践能力,提升教学与人才培养的质量。

5. 解决新文科建设中专业转型升级的难题

为了更好适应新文科发展,贯彻培养综合型、高素质人才的教学方针,文科类专业核心课程实验教学学分占总学分的比例越来越高,需要开设更多实验项目,来适应新文科建设、一本专业建设和一流课程建设的多重需求。需通过先进的软硬件设备和配套资源、对现有师资进行培训与提升,就公共管理类中公共政策学、危机管理、社会治理等课程进行教学内容和课程体系改革。在新文科背景下,国内各高校越来越重视实验室建设,将其作为学科发展的重要内容,纷纷开展相关建设。公共管理学院公共管理实验室在硬件功能上没有鲜明特色,软件平台建设几乎为零,学科实验教学发展面临一定困境。公共管理学院现有的实验教学条件在目标定位、设施配置的专业性方面,均无法满足现有教学需求。原有的实验室功能定位,不具备案例教学、分组教学、探究式教学的需要,有必要抓住新文科建设的机遇,使公共管理学院公共管理学科发展出自己的特色,实现课程教学模式创新与改革。

(二)"一体化三层次"实验课程体系建设内容

1. 公共管理虚拟仿真实验一体化平台框架

打造具有现代公共管理意识,支持多学科教学、模拟实验环境的公共管理虚拟仿真实验一体化平台(见图5-2)。通过基于公共危机管理仿真系统、政务模拟实验教学平台、公共管理沙盘决策对抗模拟、公共政策智能场景化分析、社区管理情景模拟实训平台等,实现在实验环境下,对现代政府的管理、服务、决策支持,绩效评估,网络舆情监管,公共政策制定、执行、评估与终结,以及流程再造等管理体系进行仿真模拟,为行政管理专业本科生提供一个实验教学的环境,为培养一流学科人才提供基础,实现能够"立足公管、面向学校辐射、跨专业、跨学科"的一体化实验教学平台。

该平台按照"平台+应用+数据"的建设模式,基于J2EE标准进行开发,采取数据集中的系统结构;整体系统为B/S架构,采用客户端浏览器-Web应用服务器-数据库服务器三层结构。平台基础为支撑引擎层,包含组件中心、集成中心和运维中心三大部分,保障所有应用系统按一定规则正常运行。平台核心为应用层:让学生通过不同平台进行虚拟仿真实验,从而作为课堂的主体,使学生将理论知识点应用到实践中,训练学生解决各种公共事务中的各种问题,培养懂理论、重实践的公共事务治理者。

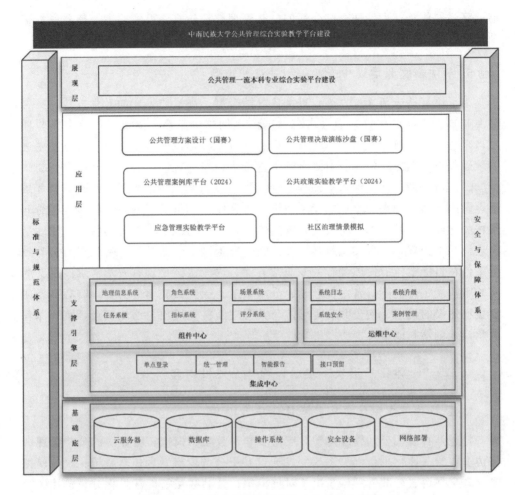

图 5-2 公共管理虚拟仿真实验一体化平台框架

2. 公共管理虚拟仿真实验三层次

1) 基本型实验平台——公共管理虚拟仿真实验教学模块

公共管理虚拟仿真实验教学模块由多套公共管理专业实训软件构成,包含 Clap 公共管理方案设计对抗比赛平台、Clap 公共管理决策演练沙盘对抗比赛平台,配套"公共管理学""公共经济学""城市管理学"等核心课程的实训教学任务。该模块旨在培养学生的创新能力、独立思考能力、对公共管理整体认知能力,发展、规划、扩大科学知识面,构建合理的知识结构;可以有效拓宽思路和科研知识范围,实现理论教学与实验教学有机融合,使学生学到许多书本上和学校里学不到的知识,拓宽了视野,增长了见识和才干。包括对公共财政、土地管理、公共服务管理、环境管理、基础设施管理、公共管理综合方案设计、公共管理竞争对抗比赛等方面的学习。为培养适应国家治理体系和治理能力现代化需要的人才，软件通过沙盘演练和城市发展运营，可以让学生快速掌握公共管理相关的治理方法和管理技巧，体验政府角色和行为，针对地方经济社会发展进行政府决策模拟演练，弥补专业教学的不足，提高学生战略规划、政策分析、管理运营、研究沟通等方面的能力。

公共管理虚拟仿真实验教学模块内容包括 Clap 公共管理方案设计对抗比赛平台和 Clap 公共管理决策演练沙盘对抗比赛平台。

第一，Clap 公共管理方案设计对抗比赛平台是以城市为载体，通过学生的模拟操作和运营，帮助学生理解并应对城市管理过程中可能出现的问题。学生通过分析城市的案例背景信息，定义城市的宗旨和使命；通过考察城市内外部环境及面临的形势与挑战，确定城市发展战略目标，制订具体实施计划并设计一份完整的城市发展规划方案。本实验集实战性、操作性和体验性于一体，通过情景模拟、角色实验的方法让学生基于城市基本信息进行发展战略制定，从而考察学生全局意识和综合性思考能力，提升其统筹规划能力。

第二，Clap 公共管理决策演练沙盘对抗比赛平台（见图 5-3）是以城市为载体，通过学生的模拟操作和运营，帮助学生理解并应对城市管理过程中可能出现的问题。在实景模拟沙盘平台，学生扮演规划局、水务局、交通局、城管局、园林局、财政局、经信局、人社局、公安局、教育局、卫生局和文旅局中的一员，面对统一的外部经济环境和国家政策法律环境，通过招商引资及发展工业和商业服务业，投资公共事业，增强当地居民幸福感，提高城市竞争力。学生进行具体实操模拟，通过数理模拟、量化实施，进行若干周期的组间竞争对抗，最终得出不同团队的排名。本实验集实战性、操作性和体验性于一体，通过情景模拟、角色实验的方法让学生体验政府行为，让每个学生都有充足的收获。

图 5-3　Clap 公共管理决策演练沙盘对抗比赛平台

2）专业型实验平台——智慧政务实验教学平台与公共政策实验教学平台

电子政务实验模块中的公共管理基础教学实验平台是专门针对学生各项基础能力进行设计的平台，针对公共部门的政务流程、基础人才能力要求进行设计和开发，让学生可以提前了解公共部门的运作流程，包括政务流程演练、流程再造、行政审批流程等。平台旨在培养掌握现代管理知识和管理方法、熟知事业部门管理规律、具备较强社会适应能力和创新能力的高级公共管理专门人才，实现电子政务数字化、智能化、信息化发展。

电子政务实验模块内容主要是智慧政务实验教学平台（见图 5-4），该平台基于政务，以社会功能为出发点，让学生模拟政务领导者，并灵活运用所学政务治理各项理论知识，通过政策规划和实施的形式解决各种政务问题，推动政务发展，高度再现政务治理中的各种现实情景。学生首先以群众视角经历若干典型政务办事流程，发现问题，然后切换政务改造设计师身份，完成政务流程再造、政府内部优化和社区整体优化，去解决问题和治理、发展社区。

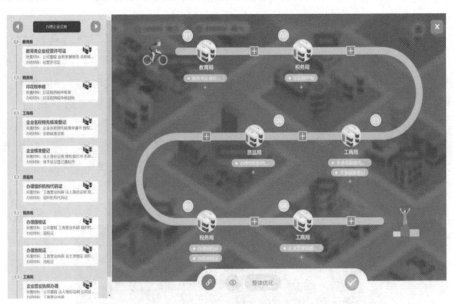

图 5-4　智慧政务实验教学平台

公共政策智能场景化互动教学实训软件致力于帮助学生融会贯通课程知识，为学生学以致用提供专业生动的仿真环境，培养学生运用现代公共政策原理和方法分析问题、解决问题的能力；提升公共政策问题界定能力、公共政策方案规划和抉择能力，公共政策执行能力和公共政策评估能力。公共政策与社会治理是公共管理本科生和 MPA 的重点培养方向，围绕服务型政府的需要，紧扣社会发展变化的趋势，以地方政府服务职能和管理能力为研究重点，侧重地方政府改革、地方政府创新、公共服务管理、城市社区治理模式、乡村治理体系构建、社会治理协同机制和社会保障等基本理论的培养，着力为政府管理部门和服务型机构培养具有战略眼光、开拓精神及较强沟通能力和团队精神的高层次应用型人才。该平台旨在培养掌握现代管理知识和管理方法，熟知基层社会治理现状，能够完成社区治理的主题任务，具备较强社会适应能力和创新能力的高级公共管理专门人才。培养内容包括：熟悉并掌握公共政策从制定、执行、评估到终结的全过程；能够撰写政策方案，熟练应用政策工具达到政策目标，以及运用多种方法和模型分析和评估政策实施效果；具备公共政策问题界定、公共政策方案规划和抉择能力，以及公共政策执行能力和公共政策评估能力。

公共政策实验教学平台模块内容主要包括公共政策智能场景化互动教学实训软件——一款模拟公共政策从制定、执行、评估到终结全过程的仿真教学实训软件。在实训过程中，软件会根据案例及实训需求设置不同的场景，学生需要在各场景中扮演不同的角色以完成实训任务。实训任务是基于课程的重难点设置，包括甄别和分析各方利益主体的观点和诉求、界定政策问题、撰写政策方案、选择政策工具以达到政策目标，以及运用多种方法和模型分析和评估政策实施效果等。

与以往案例教学不同的是，学生在实训中可以拥有完全的参与感，根据案例事件的进展和及时反馈的数据进行决策，并对决策实施效果进行评估，为下一次决策积累经验，形成良好的反馈循环。实训流程致力于帮助学生融会贯通课程知识，为学生学以致用提供专业生动的仿真环境，培养学生运用现代公共政策原理和方法分析问题、解决问题的能力；提升公共政策问题界定能力、公共政策方案规划和抉择能力，公共政策执行能力和公共政策评估能力。

公共管理虚拟仿真实验三层次如表 5-4 所示。

表 5-4　公共管理虚拟仿真实验三层次

公共管理虚拟仿真实验三层次	软件名称	用途	软件类型	面向专业
基本型实验平台	Clap 公共管理方案设计对抗比赛平台	保障教学支持科研和学科特色发展比赛对抗训练	课程与科研实训平台比赛对抗平台	行政管理 劳动与社会保障

续表

公共管理虚拟仿真实验三层次	软件名称	用途	软件类型	面向专业
基本型实验平台	Clap决策演练沙盘对抗比赛平台	保障教学支持科研和学科特色发展比赛对抗训练	课程与科研实训平台比赛对抗平台	行政管理 劳动与社会保障
专业型实验平台	公共政策智能场景化互动教学实训软件	保障教学支持科研和学科特色发展	课程与科研实训平台	行政管理 劳动与社会保障
	电子政务实验模块	保障教学支持科研和学科特色发展	课程与科研实训平台	行政管理 劳动与社会保障
综合型实验平台	公共危机管理虚拟决策仿真实验模块	保障教学支持科研和学科特色发展	课程与科研实训平台	行政管理 劳动与社会保障
	社区智能管理情景模拟沙盘	保障教学支持科研和学科特色发展	课程与科研实训平台	行政管理 劳动与社会保障

3. 综合型实验平台——公共危机应急决策对抗比赛平台和社区治理

公共危机管理虚拟决策仿真实验模块可以根据不同类型的突发事件和训练需求，构建虚拟的应急情景，可对应急处置人员进行常态化、多样化的应急演练，并对其应急决策和指挥能力进行实时和动态的评估。应急决策模拟仿真演练已经成为国内外应急管理领域有效训练应急决策指挥人员、提高应急决策水平的必要手段。

公共危机管理虚拟决策仿真实验模块将传统理论教学与实践教学有机结合，通过虚拟仿真的形式将应急事件现场进行呈现，实时开展应急指挥与决策教学。与传统单一授课模式不同，学生可主导学习内容，转变为课程教学的主角，通过分析复杂的应急事件周边环境，了解应急事件发生全过程，并按照课程教学做出决策与指挥，学生的动手能力在整个教学过程中得到加强。课程教学将在虚拟环境中通过角色扮演形式进行，虚拟仿真平台将建立多种应急事件案例，案例中将包括山地、建筑物、汽车、机场、医院、学校、幼儿园、居民楼、工厂、商业圈、公园等模拟现实场景的模型，在实验教学时，使学生有真实感和危机感。

虚拟仿真平台旨在培养掌握现代管理知识和管理方法，熟知事业部门管理规律，具备较强社会适应能力和创新能力的高级公共管理专门人才，以顺应"互联网+"的发展潮流。培养内容包括如何开展公共危机管理、社会风险评价、事故灾难应急管理、危机预案编写、应急决策、自然灾害应急管理，以及相关能力的培养。

公共危机应急决策对抗比赛平台是以公共部门危机管理相关理论为基础，以实际的危机事件为载体，让学生以角色扮演的形式完成对整个危机事件的处置和管理。我们以2~5个学生为一个危机处理小组，让每个学生操控多个职能部门作为自己的角色范围，每个部门都有不同的职责和任务，不同部门间也存在着约束限制。在软件内以任务为导向，学生需要协作配合运用公共危机管理的理论知识完成任务，并合理进行各种操作，最终根据公共危机管理的处理原则，系统会根据软件内设规则及教师端自定义评分比例自动生成各团队的实验得分。学生能够通过报告和预案填写反思自己实验过程的优劣之处，更加深刻理解并实践公共危机管理这门课程。

公共管理虚拟教学实验平台如图5-5所示。

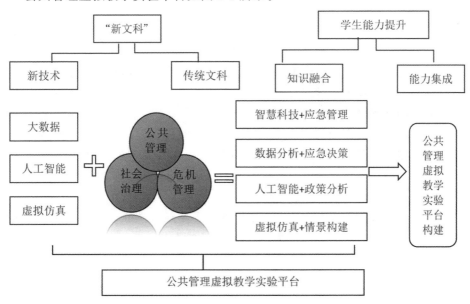

图5-5　公共管理虚拟教学实验平台

第三节 实践教学在公共管理人才培养中存在的问题

一、实践教学内容与现实脱节

公共管理类专业是理论与现实紧密结合的专业。随着以互联网、大数据、5G等为代表的现代信息技术的更新,"五位一体"总体布局、"四个全面"战略布局、新发展理念等国家战略的提出,公共管理领域需要的是能够瞄准科技前沿、国家战略前沿、结合现实需要的复合型人才。目前开展的公共管理实践教学以单一性实践教学为主,缺乏与国家战略、现代技术、实际社会需要相结合的综合性实践教学内容。社会实践、专业实习与毕业实习不同实践板块各有侧重,由于公共管理实际应用于公共部门的特殊性,实践内容呈现出浅层次的特点,学生自主性的发挥及发现问题、解决问题能力的提升存在限制,不同实践板块缺乏一定的衔接及对前沿性内容的学习与实践。学生脱离现实需求的实践教学内容会造成公共管理人才与社会的适配性较低,与现实需求脱节。

二、实践教学资源匮乏

现有的公共管理专业实践教学一般可分为校内平台资源教学与校外实习基地教学两类,需依赖于实践设备、实践场地以及相关专业技术教师资源的同时投入,而这些软硬件都需要资金的投入。对于高校来说,除多媒体设备的维护、校内教师的工资外,部分实践模拟软件的购买、校外实习实训基地的建设、校外技术教师的聘请等也需要大量的资金投入。实践教学资金的约束在一定程度上限制了实践教学的开展。

具有丰富实务操作经验的校外师资队伍是使实践教学具备针对性和实际性的重要依据。但在实际情况中,公共管理师资队伍中具有丰富实践经验的人才欠缺,大多数教师毕业后直接到学校从事教学科研工作,缺少实践锻炼。教师自身实践教学能力的不足,使其难以胜任带领学生进行实践教学的任务。

财力、人力资源的匮乏在很大程度上降低了实践教学的社会适配性,为实践教学的有效开展带来了一定的困难。

三、实践教学激励机制匮乏

在目前许多实践教学任务中均可观察到师生对实践教学的积极性不高,在实践过程中采取敷衍和消极的态度来应对,这归根结底是由于实践教学缺乏激励机制。现有的实践教学机制对学生多以学分为主要激励手段,在规定时间内要求所有学生达成实践目标,因此学生在实践过程中建立起尽快完成实践任务以获得学分的目标意识,而忽视了在实践教学过程中对于公共管理实务的学习与体会,缺乏独立发现值得探究的问题,自主运用多种方式解决问题和获得问题答案的思考过程,那么这样的实践教学过程便失去了意义。而对于教师来说,实践教学任务冗杂,加重其工作量,因此实践教学流于形式,学生难以得到有效及时的指导和督促。

四、实践教学评估机制不健全

科学的实践教学评估机制是推动实践教学工作全面可持续协调发展的重要保证,包括评价的计划、实施、反馈、改进等多方面内容。在实践教学过程中,因为高校对评估机制的重视不够、校内外存在信息交流壁垒、实践教学涉及人员构成复杂等原因,评估机制难以健全。实践教学评估机制存在评估指标少、评估过程不规范、评估主体单一、无评估结果反馈等问题,导致教师实践教学评价依赖书面报告,造成学生积极性下降,重结果轻过程,缺乏对实践教学过程的反思与总结,校外实习基地实训成效与质量评价难以得到反馈,对实践教学的成效造成一定影响,难以形成实践质量监控与改进机制。

第四节 以高质量就业为导向的公共管理实践路径

一、结合现实需求构建实践教学内容

公共管理类人才就业主要面向公共部门和企业。从社会对公共管理人才的现实需求来看,应为公共管理实践教学增加如下内容。

(1) 实践教学+国家战略。国家战略的提出与实施离不开公共管理人才的建设和支持,在实践教学过程中,除了对国家战略的宣讲外,应结合国家战略具体政策的执行过程,以项目形式带领学生实地参与并持续跟进,从中发现问题、分析问题、解决问题,为国家战略需要培养应用型人才。

（2）实践教学＋现代技术。一方面，现代技术的学习实践使人才不断适应现代社会需要，满足公共部门以智慧手段进行公共治理的需要，也贴合企业对于人才计算机、网络等方面能力的需求。另一方面，现代技术也为实践教学提供新的可能，丰富实践教学手段和方式，弥补线下实践的限制。

结合现实需求构建实践教学内容的关键在于人才与国家战略和现代技术共同进步，建设符合科技前沿、国家战略前沿以及现实需要的应用型人才。

二、完善实践教学保障体系

公共管理实践教学建设过程中，可采取多种措施以保障实践教学经费。一是拓宽经费来源，在校内申请经费保障，增加经费来源渠道，向校外实习基地争取资金支持，与其他单位进行实践教学资源共建共享以分担资金压力。二是提高资金使用效率，加强对实践教学经费的内外监管，确保专款专用，在采购中进行大额招标、小额比价，防止资金的浪费与滥用。三是建立组织保障，学校与实习基地协同建立管理委员会，由专人负责实践教学决策与执行的具体事务，建立起完善的实践教学资金预算与审批制度。

进行校内、校外实践教学教师队伍建设的保障工作。对于校内教师，要注重培养其实践教学能力，鼓励教师去校外公共部门与企业单位工作锻炼与培训，提升教师的实际操作能力与事务处理能力，增强教师的实战经验。对于校外，可吸纳来自党政机关、企事业单位、非政府组织、基层自治组织等单位的社会人士来本校担任实践教学导师。

三、完善实践教学激励机制

实践教学目标的达成是一项涉及多主体的过程，因此教师与学生必须相互依托、相互配合、共同努力。对学生的激励应充分考虑其实际就业需求，为不同需求导向的学生提供不同的实践岗位选择和体验机会。在实践教学之外，应充分保障学生的人身安全，争取给予学生适当的餐食补贴、交通补贴等基本生活补助。鼓励学生将实践教学与创新创业相结合，引导学生将实践教学所获成果应用到创新创业项目中去，在学分成绩评定、评优评先等活动中充分结合学生的教学实践经历与成果，提高学生的学习、创业、就业能力。

应选取有一定公共管理实践操作能力的教师参与实践教学任务，并鼓励教师带领学生进行有关实践教学的项目申报，在绩效考核、评优评先等方面对其予以一定的照顾，发挥教师在实践教学中的带动作用。

四、健全实践教学评估机制

以高质量就业为导向是公共管理专业实践教学的重要目标,公共管理专业学生应同时具备理论知识和实际操作能力,因此建立科学的实践教学评估体制尤为重要。在评估机制上,应打通校内外评价主体壁垒,引进实践实习工作对象、团队成员等第三方评价主体,形成多方评估机制,增加评估依据。除此之外,应该建立明确的评估指标体系,定量与定性指标相结合,注重过程评估,除学生理论应用指标外设置信息指标、技术指标、团队合作指标等,指标等级划分依据科学合理原则,评估过程规范化,评估客观公正。在实践教学评估结果评定后,及时进行结果的公布与反馈,督促学生、教师、实习基地等参与主体及时总结原因与改进措施,促进实践教学的高质量可持续发展。

第六章

新文科背景下民族院校公共管理人才的制度保障措施

第一节 公共管理人才培养的制度建设

一、学校层面

中南民族大学顺应高等教育形势发展的需要，自21世纪以来，提出培养"厚基础、宽口径、高素质、强能力、重应用"的少数民族各类高级专门人才，并提出质量立校战略。为了提升人才培养质量，学校和院系制定了一系列制度（见表6-1、表6-2）。

表6-1 中南民族大学公共管理人才培养质量保障的相关制度（一）

制度类型	文件名称	时间或文号	制定目的	制度内容
教学运行	《推荐优秀应届本科毕业生免试攻读硕士学位研究生工作管理办法（修订）》	民大教学〔2023〕10号	规范拔尖创新人才选拔培养力度	推免条件和程序
	《第二学士学位教育学生管理暂行办法》	民大发〔2021〕62号	规范第二学位教育学生的管理	第二学位教育学生的教学要求、管理、证书发放等

续表

制度类型	文件名称	时间或文号	制定目的	制度内容
教学运行	《公共管理硕士（MPA）专业学位研究生培养管理工作办法》	2021年	规范公共管理硕士（MPA）专业学位研究生的培养和管理工作	公共管理硕士（MPA）入学、目标、培养方式、课程等
评建评优实践教学	《公共管理硕士（MPA）专业学位研究生实习实践管理办法》	2021年	确保公共管理硕士（MPA）实习实践质量	公共管理硕士实习实践的教学保障、时间、组织、要求、考核等
评建评优实践教学	《公共管理学院学生创新发展章程》	2021年	增强公共管理学院学生创新实践能力	完善公共管理学院职责分工、人才库建设、项目库建设、品牌建设
评建评优实践教学	《研究生学位论文撰写规范》	2021年	提高研究生学位论文的质量	对研究生学位论文的构成、内容、书写、打印等进行规范
评建评优实践教学	《研究生创新基金项目管理办法》	民大研〔2020〕1号	提升研究生科研创新能力	基金资助的类型、组织与申请、结题与经费管理
质量工程	《关于促进研究生教育高质量发展的意见》	民大党发〔2021〕53号	促进研究生教育高质量发展	在研究生教育的总体要求、思想政治工作、培养模式等方面提出意见
质量工程	《研究生奖助体系实施办法》	民大发〔2021〕21号	提高研究生培养质量	对研究生奖学金、助学金、助学贷款、特殊困难补助等的发放提出要求

续表

制度类型	文件名称	时间或文号	制定目的	制度内容
质量工程	《中南民族大学硕士学位授予工作细则（修订）》	2020年	保障硕士质量	硕士学位授予的相关要求
	《研究生培养经费管理办法（修订）》	民大研〔2020〕2号	规范研究生培养经费的分配、使用和管理	规范研究生培养经费的标准、使用原则、划拨、支出管理等
	《公共管理学院硕士研究生指导教师遴选办法》	—	加强研究生指导教师队伍建设	对学术型、专业学位硕士生导师以及兼职硕士生导师遴选条件、遴选办法做出规定
机构建设	《MPA教育中心管理制度》	—	提高MPA教学质量	规范MPA的教学、课程、学风、档案管理
考务管理	《本科课程线上考核工作细则》	2022年	确保考核公平、公正及结果的信度与效度	线上考试的人员配备、要求及相关管理

表6-2　中南民族大学公共管理人才培养质量保障的相关制度（二）

制度类型	文件名称	时间或文号
教学运行	《二级教学督导工作条例》	2015年
	《领导干部听课制度》	2015年
	《本科生课程排课、调课管理办法》	2015年
	《教师教学工作量标准及计酬办法（试行）》	民大教学〔2013〕49号

续表

制度类型	文件名称	时间或文号
教学运行	《全日制普通本科交换生管理办法（试行）》	2013 年
	《普通本科学分制管理办法（修订）》	2013 年
	《普通全日制本科学生转专业及专业分流管理办法》	2011 年
	《全日制普通本科学生成绩管理规定》	民大教学〔2011〕11 号
	《全日制普通本科学生提前毕业管理暂行规定》	民大教学〔2011〕13 号
	《全日制普通本科学生重修管理规定》	民大教学〔2011〕14 号
	《双语教学实施办法》	2011 年
评建评优	《本科教学审核评估评建工作实施方案》	民大发〔2016〕19 号
	《本科教学技能竞赛奖励办法（试行）》	民大教学〔2015〕55 号
	《学生创新科技活动奖励办法》	民大发〔2011〕8 号
	《优良学风教研室评选条例》	民大教学〔2003〕39 号
实践教学	《关于实践教学工作量计算及经费标准的若干规定（修订）》	2013 年
	《大学生创新训练计划管理办法》	民大创新〔2012〕9 号
	《大学生创业训练计划管理办法》	民大创新〔2012〕10 号
	《本科学生创新实践学分暂行办法（试行）》	2011 年
	《本科学生毕业论文（设计）管理办法》	2011 年
	《本科学生实习管理办法》	2011 年
	《本科实习实践基地建设与管理规定》	2011 年
	《本科实验教学管理办法》	2011 年
	《实践教学活动经费管理办法（试行）》	民大教学〔2008〕11 号
质量工程	《关于"十二五"期间实施"本科教学质量与教学改革工程"的意见》	民大发〔2013〕3 号
	《教师课堂教学质量评估与管理办法（修订）》	2013 年
	《本科品牌专业建设管理办法》	民大发〔2009〕48 号
	《精品课程建设与管理办法》	民大发〔2009〕53 号
	《教学研究项目管理办法》	民大发〔2009〕55 号
	《质量工程专项经费使用管理办法》	民大发〔2009〕56 号

续表

制度类型	文件名称	时间或文号
机构建设	《中南民族大学教学研究室工作条例》	民大教学〔2006〕35 号
	《教学团队建设与管理办法》	民大发〔2009〕49 号
考务管理	《普通本科生重修及补缓考实施办法（试行）》	2015 年
	《课程本科考试管理办法》	民大教学〔2014〕17 号
	《本科课程考试（查）管理条例》	2011 年
	《本科课程考试命题实施细则》	2011 年
	《考试违纪舞弊处理办法》	民大教学〔2007〕25 号
	《学生复查试卷管理（暂行）办法》	2006 年

二、院系层面

除了学校层面的制度外，院系层面也出台了一系列应用型人才培养的具体制度，这些具体制度配合教育部门以及学校的相关制度而制定，如《公共管理学院教工考勤管理暂行规定》《公共管理学院本科生转专业实施细则》《公共管理学院本科生推免工作实施细则》《行政管理综合实验班管理办法（暂行）》《公共管理学院新生班主任助理选拔细则》等。另外，为了在学院层面大力创新应用型人才培养的举措，公共管理学院还出台了一系列新的保障制度，如《公共管理学院本科生大类招生制度》《公共管理学院本科生分类培养制度》等。除学院层面出台了一系列保障制度外，一方面，为了充分发挥和调动系在应用型人才培养中的基础性作用，中南民族大学行政管理系出台了更多具体的更具操作性的制度、举措和办法，如针对行政管理实验班出台了《行政管理综合实验班班主任管理规定》《行政管理综合实验班导师管理办法》《行政管理综合实验班假期调研管理办法》，再如针对行政管理系学生的特点制定了《行政管理系学习兴趣小组实施办法》《行政管理系分类教学实施办法》等。另一方面，为了让各类科研基地、科研机构参与应用型人才的培养，湖北省人文社会科学重点研究基地湖北民族地区经济社会发展研究中心、国家民委人文社会科学重点研究基地中国城市民族与宗教事务治理研究中心出台了《本科生参与中心（基地）实习管理办法》《本科生参与百城调研暂行办法》《本科生参与百村调研暂行办法》等与人才培养有关的制度。

第二节　公共管理人才培养的保障措施

一、制度保障

为了确保应用型人才培养的质量，学校、学院和教研室层面分别制定了一系列的保障制度。

自 2006 年本科教学评估结束以来，为了加强对学生培养过程的监控，持续提升教育教学成效，中南民族大学在教学运行、评建评优、实践教学、质量工程、机构建设和考务管理等方面出台了一系列保障制度。例如，在教学运行方面，对双语教学、课程重修、提前毕业、专业分流以及学生交换、领导听课等进行了细致规定。在实践教学方面，对创新创业、实习实践以及实验教学等进行了细致规定。

二、组织保障

应用型人才培养工作涉及多个方面，需要各级各类机构参与其中。从学校层面看，学校为了推进应用型人才培养工作，一方面成立了专门的教学改革委员会，进行教育教学的宏观决策；另一方面成立了由学工部、教务处、团委、创新创业中心、实验与设备处分工负责的应用型人才培养的执行机构。从学院层面看，学院除了适应学校的要求成立了专门的教学委员会之外，还成立了学院教育教学改革工作领导小组、学院实习实训和创新创业工作领导小组等，以协调推进应用型人才培养。此外，为了发挥各方面在应用型人才培养上的积极性，学院成立了由各系支部书记、系主任以及辅导员、班主任组成的应用型人才培养工作协调推进小组，分工负责应用型人才培养的各项工作。

在系所层面，行政管理系为了切实发挥专业教师的积极性，分别成立了系科研写作与论文发表指导小组、系实习实践与创新创业指导小组、系考研辅导与考公务员辅导小组等专门化的工作小组，让专业教师实质性参与到应用型人才培养之中，发挥主体和主导作用。除了教师层面的组织保障外，行政管理系还在学生层面成立了各种兴趣小组，如行政管理系文学与摄影兴趣小组、行政管理系外语学习兴趣小组、行政管理系数学学习兴趣小组、行政管理系演讲与表演兴趣小组、行政管理系创业兴趣小组、行政管理系考研兴趣小组等，让不同兴趣、爱好的学生参与不同的小组，并担当主人翁的角色。

三、平台保障

为了整合各类平台，发挥其在应用型人才培养中的作用，近年来，学院和系所通过多方联系沟通，构建了一系列科研基地、实习实践基地和创新创业平台，以服务于应用型人才培养。

在科研基地层面，充分发挥学院挂靠和自主成立的科研基地的作用，让各年级本科生参加科研基地的活动，包括社会调研、报告资料收集与撰写、参加基地学术讨论或沙龙、筹备基地各种学术会议、参与撰写各类申报书等，让学生既获得学术锻炼，也提升办事、办会和办文的能力。目前，学院层面已经形成了4个可以让学生参与的科研基地，分别是成立于2006年的民族地区公共管理研究所，成立于2007年的民族地区农村发展研究所，成立于2011年的湖北民族地区经济社会发展研究中心，以及成立于2012年的中国城市民族与宗教事务治理研究中心（见表6-3）。

表6-3　学院科研基地概览

类型	名称	时间
中南民族大学人文社会科学研究基地	民族地区公共管理研究所	2006年
教育部人文社会科学重点研究基地二级基地	民族地区农村发展研究所	2007年
湖北省人文社会科学重点研究基地	湖北民族地区经济社会发展研究中心	2011年
国家民委人文社会科学重点研究基地	中国城市民族与宗教事务治理研究中心	2012年

在系实习实践基地层面，近年来，通过公共管理学院领导和行政管理系教师的积极争取，行政管理系在武汉市、黄冈市、荆州市等地成立了专门的实习实践基地（见表6-4），这些实习实践基地既可以为学生提供期末短期实习，也可以为学生提供较长时间的毕业实习。为了提高学生实习实践的成效，行政管理系还与各实习实践基地沟通，组建了一支专门的实习实践指导教师队伍，让实习单位的领导和工作人员充当实习生的指导教师，进行全方位的工作指导，以提升学生的实践技能及实习成效。

表6-4　公共管理实习实践基地概览

名称	时间
武汉市洪山区机关事务管理局	2010年
黄冈市浠水县人力资源和社会保障局、浠水县旅游局	2013年

续表

名称	时间
武汉市民族宗教事务委员会	2013 年
武汉市武昌区民族宗教外事侨务办公室	2014 年
武汉市汉阳区民族宗教侨务办公室	2014 年
武汉市硚口区民族宗教侨务局	2014 年
武汉市劳动就业管理局	2013 年
荆州市沙市区人力资源和社会保障局	2015 年
荆州市西城区街道办事处	2017 年
恩施州恩施市政务服务和大数据管理局	2021 年
恩施州恩施市屯堡乡政府	2021 年
武汉市洪山区关山街道办事处	2022 年

在学生创新创业平台，为了让有志于创新创业的学生获得更具针对性的辅导以及帮扶，行政管理系还积极与本系已毕业且创新创业成功的校友联系。目前，行政管理系已经与毕业校友创立的湖北智点道人力资源咨询有限公司形成了合作，让该公司为本系有志于创新创业的学生提供针对性的辅导。另外，行政管理系还积极争取参加黄冈市大学生创新创业专门计划，已经与黄冈市浠水县大学生创新创业孵化基地形成了有效联系，可以让本系学生的创新创业项目纳入该基地孵化。同时，公共管理学院还与武汉市洪山区关山街道办事处、恩施州恩施市屯堡乡政府等建立社区治理服务站和乡村振兴工作站，将驻村（社）体验、创客实践、公益活动等融入学生教学实践、毕业实习实训，提升学生以办文办会办事为基础的实践能力。

四、人员保障

针对师生比过高、教师人数较少等问题，行政管理系通过盘活存量和做大增量两种方式，以确保应用型人才培养工作有人做。

在盘活存量方面，首先，在授课之余，遴选部分专任教师担任各班级学业班主任。根据班主任工作规定，每学期安排若干次班会，并为班级学生的学业和专业提供针对性、个性化的指导和辅导，年终进行考核。同时，遴选部分专任教师担任本系各学生兴趣小组的指导教师，通过教师的资源，让各兴趣小组能够最大限度地发挥效能，取得实效。其次，行政管理系认识到做好应用型人才培养工作，不能仅靠专任教师，还要发挥学校、学院其他人员特别是管理人员及思政、生活辅导人员等的作用。为此，行政管理系积极与分管学生工作的副书记、负责学生思想政治教育的辅导员以及负责学生日常生活的辅导员等联系，力求齐抓共管，让管理干部和辅导人员参与到应用型人才的培养中。例如，通过副书记，让学生参与各级各类学生管理工作，学会自我管理。再如，让辅导员讲授相关课程和指导相关实习，发挥辅导员的专长。

在做大增量方面，首先，发挥已经毕业的校友的作用，构建校友联系群，让已毕业校友参与到在读学生的考研、就业辅导中，同时邀请部分毕业校友回校给在读学生做讲座，指导创新创业项目以及展开就业辅导等；其次，发挥实习基地的相关领导和工作人员的作用，建立实习基地导师队伍，让实习导师参与到实习实践学生的辅导和教育教学过程中，同时聘请部分实习实践导师到学校展开更广范围的指导和辅导；最后，在周边高校聘请部分教师作为本系专业课程的任课教师，扩大教师队伍的来源，通过外聘教师的指导和辅导，让学生获得更为广泛的知识、技能和资源，特别是让外聘教师对学生的创新创业和考研深造等给予更多的指导。

五、物质保障

近年来，随着教育领域财政投入的增加，中南民族大学的办学条件不断得到改善，良好的办学条件为应用型人才培养提供了基础。

从办学设施角度看，首先，利用中央财政专项经费，中南民族大学建设了专门的实验大楼，公共管理学院和行政管理系也借助实验大楼建设的契机，建设了本系专门的实验室，进行电子政务、决策模拟、公务员招考模拟、定量分析方法操作等教育教学工作，以提升本系学生的实际操作技能；其次，学校建设了数字化校园平台，学生可以利用数字化校园平台提升信息技术使用技能，从而适应当前信息化的社会发展态势，增强社会适应能力；最后，学校建设了专门的图书馆，公共管理学院建设了院资料室，而挂靠公共管理学院的湖北民族地区经济社会发展研究中心和中国城市民族与宗教事务治理研究中心也建设了专门的图书室，在这些资料室和图书室，学生可以广泛学习和借助课程之外的知识，从而扩展学生的知识和视野，避免学生仅仅能够接触教材知识而导致知识面狭窄。

从办学经费角度看，近年来，通过财政资金的投入以及科研经费的投入，行政管理系的教育教学经费得到了充分的保障。首先，相比其他学校而言，中南民族大学作为民族高校，生均财政划拨经费要高于一般普通高校，这使得学校能够在教学方面增加投入；其次，近年来，行政管理系申报了学校、湖北省以及国家等各个层次的教育教学改革项目和教育项目成果奖项，项目和奖项的配套经费使得行政管理系能够将其投入学生培养环节，包括资助学生开展寒暑假回乡调查或团队调查，资助学生发表科研论文，资助学生参加学术会议，以及资助学生开展各种有利于开阔视野的社会实践活动等；最后，挂靠公共管理学院的科研基地也将一部分经费用于学生培养，如资助学生开展百村或百城调研，资助学生出版调研成果等。

第三节 公共管理人才培养的监控体系

一、课程教学监控

为了确保教育教学质量，促使学生用心学习、教师用心教书育人，近年来，中南民族大学以及公共管理学院等在课程教学监控方面采取了一系列举措。

1. 基于平台或系统的静态监控

一方面，学校为了促使教师和学生重视课堂教学，规范课堂的教学行为，在各个教室安装了监控设备，确保日常课堂教学监控全覆盖，做到全程、全时、全方位监控。同时，利用教学监控视频，对课堂教学不规范的现象和行为进行指正和惩罚，如针对教师迟到、早退等进行监控，针对学生课堂玩手机、课堂睡觉、课堂吃零食、课堂迟到早退等进行监控。另一方面，学校教务部门建设的教务系统设置了专门的教育教学评价模块，该模块发挥着基于系统的监控功能，学生利用该模块对授课教师的教学情况进行评价，教师利用该模块对学生的课堂表现进行评价。该模块发挥着评教评学的双重功能，通过该模块，教师和学生的课堂表现和教学成效得到了有效监控。

2. 基于人员巡查的动态监控

为了促使教学规范、有效，学校除了建立静态的教学设备和系统外，还建立了基于人员的动态监控机制，主要包括两个方面：一方面，教学管理人员，包括教务处聘请的教务管理人员以及各个学院和系所的教师和思政干部组成的教务管理人员形成了教学督导团队，督导人员通过在教室外的动态巡查，可以了解教师的教学情况，学生的学习情况等，从而对教师和学生形成约束；另一方面，为了督促教师更好地教学、学生更好地学习，学校和学院还建立了领导干部听课制度和教师相互听课制度，即每学期领导干部必须在一定数量的课堂进行听课，每学期每个教师必须到其他教师的课堂进行听课，通过听课制度，既促使教师相互学习，也推动教师相互监督，从而提升教育教学成效。

二、实习实践监控

1. 基于实习过程的程序监控

实习实践中容易出现教师指导不力,学生实习实践不认真或无成效等问题。为了确保实习实践富有成效,提升学生的应用型技能,学校、学院和系建立了基于实习过程的程序监控体系。首先,由学校的指导老师和实习实践单位的指导老师对接,确立用人岗位和用人需求量,在此基础上让学生进行申报,根据学生申报情况和用人单位需求情况进行供需的匹配,确保用人单位选聘到合适的实习生,确保实习生选择到心仪的岗位。其次,在学生进入实习实践单位之前,校内指导老师进行多轮培训和互动,让学生全面掌握实习实践的规范、要求,让学生了解和熟悉实习实践单位的纪律和工作技巧,避免学生盲目行动,也让学生形成正确的认知,避免学生将实习实践当作游玩的机会。再次,由校内指导老师将学生派送到各个单位,并与各个实习实践单位对接,确保人岗匹配,并明确实习实践单位的对口指导老师,形成规范的指导和学习机制。而校内实习指导老师则不定期到实习实践单位进行巡查和互动,了解学生实习进展和成效。在此基础上,要求学生每日撰写实习日志,记录每天的实习内容和实习感悟,让学生有所思考。实习结束时,要求实习实践单位和指导老师对实习的学生进行实习成效评价。回校之后,校内指导老师安排专门的实习汇报会,让各个学生汇报实习心得,并让后续参加实习的学生现场学习。通过这一系列的环节和程序,确保实习过程规范、有序、有效,避免学生实习期间脱岗,避免学生虚假实习,也避免指导老师虚化责任、虚假指导。

2. 基于实习成果的痕迹监控

在静态和动态的监控之外,为了确保教育教学的环节、程序和制度、规范得到运用,学校还建立了基于教学结果的痕迹监控体系。如在毕业论文环节,学校教务部门利用教务系统建设了专门的毕业论文指导和评测平台。通过该平台,教师填报论文选题、给出论文指导意见、追踪学生论文进展等。学生利用该平台进行论文检测、论文修改和获取老师评阅结果等。通过该平台,教师与学生基于论文的整个互动过程得以保留,教师是否指导、是否用心、全面指导,学生是否认真撰写,以及是否按程序和规范要求撰写等痕迹都得以保留。这些痕迹既可以作为监控和评价的要素,也可以作为督促教师和学生的手段。

三、培养过程监控

1. 建立学业预警机制

一方面,学校为了"不让一个学生掉队",由学校教务、学工以及院系等负责,形成了专门的学业预警体系,每一学期将各个学生的成绩进行统计分析,出版学期《预警学生学情分析报告》,显示橙色、蓝色、黄色和红色等预警类型,提示学生不及格课程数、课程类型等。对存在课程不及格的学生进行提示,而对于有大量课程不及格的学生,则进行重点警示,并将警示名单告知各个学院和系,要求任课教师重点关注和辅导。除了对学生进行课程预警外,还对相关科类、相关教师进行预警,即针对不及格学生过多的科类进行预警,要求相关学科改进教育教学方法,做好督促辅导,避免科类出现大面积不及格的现象。在预警的基础上,学院和系对被预警学生的情况展开分析,如被预警学生的年级、不及格科目的类型、被预警学生的民族分布、地区分布等。在制度方面建立定期谈心机制、分级帮扶机制、重点关注机制、定期反馈机制等。在具体举措方面,精确定位学业帮扶对象,针对不同预警对象制定科学帮扶措施以及一对一进行个性化帮扶等。

2. 基于预警的帮扶机制

由于民族院校的特殊性,学生学习水平参差不齐,为了确保所有学生都能顺利毕业,在学校、学院帮扶机制和举措的基础上,行政管理系采取了新型的帮扶机制,即发挥学有余力学生的积极性,成立专门的帮扶小组,选择学习吃力的学生,围绕汉语、外语、数学以及操作性强的技能课程展开针对性的辅导甚至"手把手"的指导等,让学习吃力的学生克服学习难题,尽早尽快适应新的学习,并提升学习技能,从而能够顺利完成学业。对于一些确实面临较大学习压力和困境的学生,针对个人情况采取心理辅导、多人帮扶、师生共同帮扶等举措让其顺利毕业。

3. 基于评测的提升计划

在学生培养过程中,对于学习吃力的学生需要帮扶,而对于学有余力的学生则需要提拔,建立拔尖创新人才培养机制。通过每学年的学业评测,以及日常的兴趣评测,了解哪些学生学有余力或学有所长。针对这些学生,同样确立辅导机制,让其尽早尽快获得更大成长。如吸纳这些学生进入科研团队或兴趣小组,或进入孵化基地或实习平台,让其所拥有的才能得到发挥,从而尽早成材。

四、培养成效监控

培养成效监控着眼于学生培养结果，以学生为中心，考察学生经过大学四年的培养是否有效成长和成材。培养成效内在体现于学生能力的提升，对于行政管理专业而言，即办事、办会和办文以及综合协调、突发事件处置等能力的提升。其外在体现于学生是否能够得到社会的认可，特别是用人单位的认可，是否能够找到工作或能够进一步提升学历等。

结合学校、学院和系所的相关制度，行政管理系培养成效监控主要体现在以下几个方面。

第一，学生的出国率和出国人数有多少，包括出国人数的占比和增长率等。近年来，公共管理学院提出了国际化的办学思路，并且开办的实验班很重要的一个方面就是培养的学生能够进一步到国际上的高校深造，为此，行政管理系将出国率作为培养成效监控的一个重要指标。从当前培养情况看，虽然受到各种因素的限制，但行政管理系出国率有了突破，近3年来，平均出国率约3%。

第二，学生考研成功的人数和考研成功率情况。随着研究型大学的增加，以及越来越多的学生注重学历提升，近年来，考研情况已经成为衡量人才培养成效的一个核心指标。一些普通高校甚至将考研率作为较核心的人才培养成效指标。行政管理专业作为一个就业门槛不高、就业前景一般的专业，近年来，学院和系也注重引导学生参加考研。学校层面也非常重视考研情况，并设定了以考研率和考研增长率为内容的评价和奖励机制，如考研率全校排名靠前的学院和专业可以获得奖励，考研率显著提升的学院和专业也可以获得奖励。从考研率监控情况看，近3年来，行政管理实验班的考研率在50%以上，考研成功率在25%左右；行政管理普通班的考研率在40%以上，考研成功率在10%左右。

第三，在培养成效监控方面，最为重要和占比最大的是学生就业率，特别是用人单位的签约率。在就业环境不景气、就业压力较大的大背景下，行政管理系多措并举，结合实习实践单位的用人需求，发挥毕业校友的就业动能，以及对学生就业加强辅导、引导等。近年来，行政管理系每年就业人数显著增加，就业率有了较大幅度的提升。

第四，适应教学评估及人才评价的新趋势。近年来，中南民族大学以及各个院系开始建立人才培养成效的持续或长期监控体系，设立了用人单位满意度测评机制。在与毕业校友保持联系的基础上，行政管理系建立了人才培养成效追踪和反馈机制，每年在毕业时限达到一定年份的毕业生中发放用人单位满意度测评表，由用人单位对毕业校友的实际表现展开评价，并回收评价表进行分析，以发现人才培养的不足和短板，有针对性地加以改进和提升。

中南民族大学近年来在课程改革、第二课堂建设、实习实践、创新创业等层面采取了一系列举措，并力求新举措取得成效，为此，在设计和实施一系列举措的基础上，注重建立立体化的应用型人才培养保障机制和监控体系。在保障机制建设方面，在制度保障、组织保障、平台保障、人员保障和物质保障等方面多管齐下，多措并举，力求做到保障到位，保障有力。在此基础上，选取课程教学和实习实践两个重点环节以及培养过程和培养成效两个重点层面展开监控体系建设，并利用监控系统反馈人才培养的不足和短板，进行持续的改进和优化，从而提升公共管理人才培养的质量和成效。

第七章

中南民族大学教学改革案例

第一节 案例一：以铸牢为主线的西部卓越行政管理人才实验班

以中南民族大学为例，该校1999年提出"建设在国内有一定影响的综合性民族大学"的目标，2003年提出"建设一流民族大学"的目标，进一步明确了"以提高人才培养质量为中心，教学科研并重"的办学理念，提出在人才培养模式上"厚基础、宽口径、重实践、重创新"的理念[①]。为了提升人才培养质量，特别是培养应用型、复合型、创新型人才，中南民族大学在人才培养方面采取了一系列举措。一是不断调整专业设置，根据就业率、志愿报考率等进行专业的优胜劣汰，保留和新设能够满足市场需要的专业，并扩大招生规模。二是根据国家发展民族教育的文件和会议精神，大力充实和发展工、医、管以及艺体类专业，近年来新设了土地资源管理、网络空间安全等专业。三是着力将现有的专业办成应用型专业，通过卓越人才计划、专业综合改革、设立科研和教学基地等诸多方式，不断增加学生实习实训的机会，提升学生的专业技能，以便学生能够尽早适应市场环境和企业实践。四是通过对口支援机制，促进人才培养理念、机制以及方式、方法的更新，2011年，教育部确定重庆大学对口支援中南民族大学，两所学校签订了对口支援协议。在对口支援协议中，明确了中南民族大学的学生到重

---

① 李晓燕. 民族院校人才培养模式问题研究——以中南民族大学为例[J]. 中国电力教育，2011（19）：26-27，29.

庆大学相关实验室或学院学习,进行联合培养,重庆大学选派专家到中南民族大学进行现场指导等。

以中南民族大学为例,为了增进各族学生团结友爱、互帮互助、共同进步,铸牢中华民族共同体意识,中南民族大学的各个学院有针对性开展好学业帮扶活动,如"青苗计划——结对子学业帮扶""成长守望计划"等多样化的学业帮扶计划与互助组织活动。在此背景下,2016年,中南民族大学建立了以铸牢为主线的西部卓越行政管理人才实验班,围绕铸牢主线,开展活动帮助更多西部民族大学生提升自身技能,获得更好的学习机会和条件。

一、以铸牢为主线的西部卓越行政管理人才实验班概况

2016年,为进一步贯彻落实中央民族工作会议和国务院《关于加快发展民族教育的决定》精神,实践"面向少数民族和民族地区,为少数民族和民族地区服务"的办学宗旨,结合西部民族地区经济社会发展人才需求,创新人才培养模式,在中南民族大学公共管理学院开办西部卓越行政管理人才实验班,培养"志在西部地区、服务民族工作、奉献民族地区建设"的卓越公务员人才。

实验班定位于为西部少数民族地区培养卓越行政管理人才,招生范围为西部民族地区少数民族学生,每年招收30人左右。注重政治素质培养,强化"五个认同"意识。注重理想信念教育、人文素质教育、中华传统文化教育、民族工作使命教育、法治精神教育,在课程教学、思想政治教育、生活德育等过程中强化"五个认同"教育。目前重点围绕铸牢中华民族共同体意识为系统主线,开展铸牢主题的读书会、"一带一路"民族地区社会调查实践、家史家风家训调查、革命传统基地教育等民族团结教育的丰富活动。

2016级西部卓越行政管理人才实验班共有27人,从性别看,男生7名,占班级总数的26%,女生20名,占班级总数的74%。从生源看,有14名同学来自农村,占总人数的52%,有13名同学来自城镇,占48%。27名同学主要来自云南、青海、宁夏、湖北、新疆、重庆、贵州、西藏、广西等地。27名同学中,有苗族2名、土家族3名、哈萨克族3名、彝族5名、藏族3名、回族1名、黎族1名、维吾尔族2名、壮族2名、普米族2名、蒙古族2名、布依族1名,合计12个民族成分。总体来看,2016级实验班基本特点是农村生源多,女生多,多数来自民族地区,民族成分多。

二、以铸牢为主线的多样化举措

自2016年西部卓越行政管理人才实验班建立以来,开展了丰富多彩的以铸

牢为主线的活动：在第一课堂中以全方位的课程思政为主导，在第二课堂中以铸牢为主题的读书会，如《论语》《红星照耀中国》《乡土中国》等读书会；通过知识竞赛、讨论交流、观看视频等多种形式学习党的十九大、党的二十大知识；开展党的十九大、党的二十大精神宣讲；开展"'一带一路'与我的职业生涯规划""如何成为一名真正的大学生"等主题讲座；举行"不忘初心，牢记使命""青春不停步，永远跟党走""重温家国史，培育仁爱心"等系列主题班会；在第三课堂中开展革命传统基地教育、"一带一路"民族地区社会调查实践、家史家风家训调查等活动，建立民族团结教育常态化机制。

1. 构建协同铸牢的工作机制

整合学校各方面资源，将各部门的力量统一，解决民族高校大学生中华民族共同体意识中随意、分散和零碎的问题，形成了强大的合力效应。学工部、教务处和公共管理学院联合建立西部卓越行政管理人才实验班，多次联合开展实验班建设座谈会，针对实验班的家史家风家训实践活动汇报、培养优化方案、专业核心能力培养、学分设置等进行交流和探讨，各部门叠加协同、课内课外有机协同、校内校外融通协同、网上网下互补协同，努力构建以铸牢中华民族共同体意识为主线的铸牢体系。

协同优化人才培养方案，推进分类培养。人才培养模式改革是一项系统工程，涉及人才培养目标、课程体系、教学内容、教学方法、质量评价、教师队伍建设、课程教材建设等问题。西部卓越行政管理人才培养是一个开放的系统工程，需要学校、政府、社会、企业的有效协同和合作。根据政府部门的需求和学生的兴趣，我们通过教师、学生、政府等多方协同制定和动态调整四套人才培养方案。西部卓越行政管理人才培养系统主要包括五大要素：目标系统、课程系统、教学系统、师资系统、质量系统（见图7-1）。目标系统要素是人才培养的出发点，研究市场和教育规律，准确定位人才培养类型。课程系统要素包含课程体系和课程内容两个层面。教学系统要素包含教学方式、教学过程和教学水平。师资系统要素包含教师素质、教师聘用、队伍构成和培训提升。质量系统要素包含质量意识、质量标准、质量评价和质量改进。

实施大类招生，根据文理兼招、少数民族学生占比超70％的实际，开办西部卓越行政管理人才实验班，并为每位学生配备思想政治导师、学业导师、生活导师和实践导师，做到多主体施教。在教师层面成立了科研写作与论文发表指导小组、实习实践与创新创业指导小组、考研辅导与考公务员辅导小组，让学生获得专业指导。在学生层面成立了文字与摄影兴趣小组、演讲与表演兴趣小组、考研兴趣小组，让有不同兴趣的学生参与不同小组，形成相互督促的学习与交流氛围。

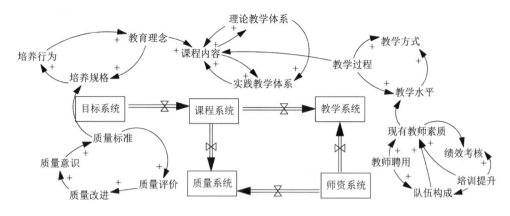

图 7-1 西部卓越行政管理人才培养系统流程图

2. 构建以政治引领为主体的铸牢模式

注重政治引领，实现立德铸魂。根据民族高校的特色和民族学生的特点，整体设计、系统谋划，围绕铸牢中华民族共同体意识研究院，整合马克思主义学院、民族学与社会学学院、公共管理学院、预科教学学院等资源，以中华民族共同体概论、政治通识教育、思想道德与法治、民族历史文化课为主，利用革命基地、传统文化基地等增强政治和国家认同，实施党建促教风学风，做好学生"立德铸魂"工作。注重师生民族团结和国家认同教育，倾力打造"石榴籽"品牌，实现铸牢模式的实体化、生活化、具象化。年均举办相关活动20余场次，围绕"内生力＋外驱力"结合的理论教学、实践教学、校园文化、社会实践的"四轮驱动"动力体系打造铸牢模式。学院始终坚持铸牢中华民族共同体意识，绝大部分实验班的学生能够遵守校纪校规。2016级实验班在2017—2018学年第二学期荣获"民族团结先进团支部"称号。

西部卓越行政管理人才培养围绕铸牢中华民族共同体意识，推进课程思政与专业思政，积极培育思政示范课程和优秀专业教师。面向学生开设"中华民族共同体概论"，开展铸牢中华民族共同体意识系列活动，将铸牢中华民族共同体意识落实到课堂、课程、教材、实践等环节，让各民族学生牢固树立中华民族共同体意识，增强"五个认同"，实现"中华民族一家亲，同心共筑中国梦"。推进课程思政与专业思政，推动师生持续深入学习习近平新时代中国特色社会主义思想，深入挖掘专业类课程中的思政元素、德育要素，全面加强课程思政和专业思政，实现本专业师生增强"四个意识"、坚定"四个自信"、做到"两个维护"。培育思政示范课程和优秀教师，在推动全员、全过程思政的基础上，注重发现典型课程和模范教师，培育并申报校级、省级思政示范课程和思政优秀模范教师，建强课程思政主力军。思政教学是铸魂育人的工作，专业教师需要用家国情怀在课堂上打动学生、感染学生、引领学生。

3. 以民族团结教育作为铸牢的抓手，促进学生的阶梯化成长

在西部卓越行政管理人才培养中，注重铸牢中华民族共同体意识和民族团结教育的有效衔接，创造性地将民族团结教育的成功实践和经验，转化为民族高校大学生铸牢中华民族共同体意识的源头活水，创造性地运用看得见、摸得着、听得到的方法展开铸牢内容、铸牢方法和铸牢形式，让实体化、大众化和具象化的铸牢工程进课堂、进宿舍、进班级、进食堂、进操场等。结合网络时代的特征，增强网络空间民族高校大学生铸牢中华民族共同体意识的丰富性、实效性和系统性，摒弃过去铸牢中华民族共同体意识的碎片化、分散化和随意性问题，最终找准"教"与"学"的价值结合点、心理契合点和情感共鸣点。

在民族团结教育的牵引下，通过课程超市、课程基金、定期读书会、项目化社会实践、日志化教学实习、"双百"（百村调研和百城调研）带动学生实践等一系列活动，让西部卓越行政管理人才实验班学生阶梯化成长。调研学生需求，建立课程超市。将选修课以课程超市的形式进行开放，实行专业招生、全院打通培养的模式。设立课程基金，鼓励课程改革。政学结合、本硕联动。邀请武汉大学、华中科技大学、同济医院等单位的相关专业教师和优秀博士、博士后，以及优秀校友走进课堂。定期举办专业读书会，并实施项目化的假期社会实践，百城调研和百村调研让学生走出校门，深入调研地点，将理论知识与实践结合。通过集体听课研讨、定期学术研讨、青年教师培训、基层挂职锻炼、国外访学交流等多种方式，促进教师和学生阶梯化成长。

三、西部卓越行政管理人才实验班交往交流交融

习近平总书记在党的十九大报告中指出，加强各民族交往交流交融，促进各民族像石榴籽一样紧紧抱在一起，铸牢中华民族共同体意识。民族院校不仅承担着培育优秀少数民族干部的重任，更是各民族交往交流交融的前哨站。通过对西部卓越行政管理人才实验班人际关系网络中"密度""中心度""凝聚子群"等数据进行分析，得出相关结论，为增强少数民族间的交往交流交融提出有关建议。

中南民族大学是民族类重点院校，实践"面向少数民族和民族地区，为少数民族和民族地区服务"的办学宗旨。西部卓越行政管理人才实验班的宗旨就是培养"志在西部地区、服务民族工作、奉献民族地区建设"的卓越公务员人才。班级作为大学生赖以学习交流互动的共同体，承担着相应的教育引导功能。然而，大学生的个性化发展、班级管理的松散性和民族来源的多样性导致班级组织的边

界模糊，凝聚力有待提高，这在很大程度上影响着不同民族学生的交往交流交融情况，为推进各民族学生的交往交流交融，加强各民族学生的大团结大融合，本书运用社会网络分析法进行调查研究，旨在加强实验班凝聚力建设，为增强各民族交往交流交融出谋划策。

1. 社会网络分析法

社会网络分析法从萌芽到成熟经历了漫长的发展过程。较早由德国著名社会学家格奥尔格·齐美尔将人们的关系比喻成"网"。20世纪30年代，美国社会心理学家莫雷诺创立的社会测量法为社会网络分析奠定了量化分析基础；20世纪60年代，社会网络研究在美国迅猛发展，拥有了自己的学术刊物、专业社区和各专业领域的学者，社会网络分析成为社会学的重要分支。尼古拉斯在《大连接》一书中进一步阐释了强连接和弱连接的区分——强连接引发行为，弱连接传递信息，对于社会网络分析法的发展有了进一步的深化和拓展。

社会网络分析法的研究在中国源起于2001年。2001—2008年，可以说是我国学者运用社会网络分析法研究问题的起步期；2008年之后，发文呈现井喷态势，且随着其方法日趋成熟，研究所涉及的范围也更加广泛，涉及社会学、管理学等诸多领域，主要涉及大学生人际关系、学习管理、就业关系网等研究领域。

中华民族是一个大家庭，中华民族的复兴离不开各族儿女的共同奋斗。中南民族大学作为民族类重点院校，肩负着培育中华民族伟大复兴的时代新人和推进少数民族之间的交往交流交融的使命。笔者利用社会网络分析法研究少数民族交往交流交融更是一种探索性的尝试。通过对于班级社会网络中的网络密度、核心边缘、中心度、凝聚子群等指标的测量，运用社群图对大学班级的凝聚力进行分析，得出班级内部的"核心"与"边缘"及小团体等，并且探究出不同民族学生间的交融程度，提出有关班级建设和其他利于民族交融的建议。另外，该项研究也具有创新性意义，有助于培育少数民族的骨干精英，也有利于大学生明确定位，理顺个人的社会关系网络。

2. 研究设计

本书采取典型个案抽样和简单随机抽样方法选取中南民族大学公共管理学院西部卓越行政管理人才实验班的全体学生作为研究对象。典型个案抽样是为了确保选取的个案能够凸显出正常水平，以帮助研究者获取最大信息量，进而了解研究对象的一般情况。从结构上来看，A校为国家民委直属的重点院校，少数民族学生占比已超过半数。实验班共有33人，该班为少数民族人才实验班，33名同学均为少数民族，有藏族、回族、维吾尔族、傣族、土家族等十多个民族，符合我们的研究样本要求。自实验班成立以来，致力于加强实验班凝聚力建设，促进各民族的交往交流交融。笔者对实验班班级群内的日常互动以及日常班级活动参与情况进行了一定的观察与了解。之后，笔者通过问卷法进行相关的调查研究，共获得有效样本33个（M实验班全体同学都包含在内）。基于社会网络分析的需要，笔者选取UCINET作为数据分析工具。根据M班社会交往网络建立33×33有向矩阵。矩阵的行和列都表示M班33位成员，因此实验班社会网络是由行动者-行动者构成的模网。在进行网络分析时，采用了二值化处理，如果两个能动者发生交往关系，二者之间的值用1表示，否则用0表示。

3. 班级关系网络的变量分析

1）班级内网络关系图

在UCINET中，通过netdraw命令可将表示关系的矩阵图转化成网络图，实现M实验班内部学生关系整体网络图构建。从图7-2中可以发现，实验班每个学生在本班内部都有关联的个体，不存在单个孤立的情况。由于该实验班学生都是少数民族，因此从交往交流这一维度来看，各民族同学之间相互沟通交流合作程度良好。从图7-2中也可以看出两者之间的关联，箭头方向的联系，代表谁是主动联系方，谁是被动联系方。从图7-2中大致可以看出，编号为4、2、1、5、27的学生位于整个网络关系的中心位置，发挥核心作用，是实验班的核心人物。

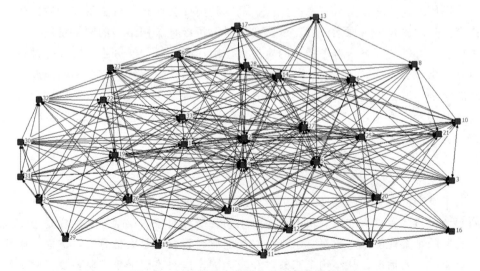

图7-2　M实验班内部学生关系整体网络图

2) 核心-边缘模型

核心-边缘模型是我们根据社会网络结构关系对行动者所处位置的量化。通过对核心和边缘成员的位置确认，进行分析。利用 UCINET 进行中心度检验，并选择"treat data as symmetric"，可以通过结合各个学生在本实验班的点入点出度得到该实验班学生在班级关系中的地位情况及其关系网络的密切程度（见表 7-1）。

表 7-1　实验班学生在班级关系中的地位情况及其关系网络的密切程度

编号	绝对中心度	相对中心度	占比
4	32.000	100.000	0.051
2	29.000	90.625	0.046
1	27.000	84.375	0.043
27	27.000	84.375	0.043
5	27.000	84.375	0.043
33	25.000	78.125	0.040
25	24.000	75.000	0.038
14	23.000	71.875	0.037

通过前后同学的对比我们可以发现，前后在实验班中扮演的角色和点入、点出度的结合情况还是存在较大差距的。以排名前五的同学来说，他们的编号分别为 4、2、1、5、27，与图 7-2 所示的情况基本一致。为探究实验班核心与是否担任班委及其民族成分是否存在联系，采用客观描述的方式寻找其联系。

其中 4 号在班级内担任班长，2 号为团支书，1 号为组织委员，5 号为文艺委员，27 为学习委员。由此可见，该实验班中身为班委成员的同学还是发挥了一定的带头和先锋作用，他们也有更多的机会去接触其他同学。特别是作为实验班主要班干部的 4、2、27 号，由于实验班建设工作和学习等，他们接触其他同学的机会更多。

而后三位则属于实验班的边缘人物。其中 11 号和 3 号均未担任实验班学生干部，28 号担任实验班体育委员。从 11 号和 3 号的情况，也可以侧面反映出担任学生干部对于实验班社会网络关系的正向作用。28 号属于班委成员中的特殊情况，其原因不仅来自个人本身，还有体育委员这一班委的特殊性，体育委员只有在集体文体活动时才能辅助主要班委成员进行组织。

3) 中心度测量

利用 UCINET 进行中心度检验，并取消选择"treat data as symmetric"，可

以分别得到每个同学的点入点出度（见表7-2）。该实验班同学点入度的依次分布较为均衡，以33位同学居中的7号为例，实验班的平均点出度为12左右，且大多数同学点出度位于10～15之间。通过单个个体的点入度和点出度大小的比较，可以大致判断出该同学在班级交往中主要是处于主动地位还是被动地位。点出度大于点入度，代表该同学在交往的过程中以主动为主，反之亦然。

纵观整个实验班的情况，26号、20号、31号、8号在与班级同学交往过程中处于一种均衡状态，即点入度和点出度相等。1号是典型的主动交往人物（点出度27.000＞点入度14.000）；27号却正好相反，是典型的被动交往人物（点入度24.000＞点出度8.000）。可见，中心度高，则处于主动交往的地位，自身受到他人的关注度也很高，在促进各民族交往交流交融方面发挥主导作用。

表7-2 班级个体的点入点出度

编号	点出度	点入度	相对点出度	相对点入度
4	28.000	32.000	87.500	100.000
1	27.000	14.000	84.375	43.750
33	24.000	11.000	75.000	34.375
19	20.000	14.000	62.500	43.750
25	20.000	10.000	62.500	31.250
18	19.000	10.000	59.375	31.250
14	19.000	18.000	59.375	56.250
2	18.000	23.000	56.250	71.875
22	17.000	16.000	53.125	50.000
9	16.000	12.000	50.000	37.500
12	15.000	12.000	46.875	37.500
26	15.000	15.000	46.875	46.875
21	13.000	8.000	40.625	25.000
32	13.000	14.000	40.625	43.750
6	13.000	15.000	40.625	46.875
30	13.000	10.000	40.625	31.250
7	12.000	9.000	37.500	28.125
5	12.000	26.000	37.500	81.250
24	12.000	13.000	37.500	40.625

续表

编号	点出度	点入度	相对点出度	相对点入度
20	12.000	12.000	37.500	37.500
31	11.000	11.000	34.375	34.375
10	11.000	9.000	34.375	28.125
23	10.000	15.000	31.250	46.875
13	10.000	8.000	31.250	25.000
8	10.000	10.000	31.250	31.250
27	8.000	24.000	25.000	75.000
15	8.000	10.000	25.000	31.250
29	8.000	10.000	25.000	31.250
17	8.000	13.000	25.000	40.625
16	8.000	7.000	25.000	21.875
11	7.000	9.000	21.875	28.125
28	6.000	16.000	18.750	50.000
3	6.000	13.000	18.750	40.625

4）凝聚子群分析

根据 UCINET 对班级的凝聚子群的分析，可见在班级中有几个关系比较紧密的小团体。其中，24号、32号、29号、26号、19号、22号、30号七人和9号、3号、28号、13号、8号、17号、6号七人分别构成的两个规模相对较大的小团体是班级中较为重要的小团体，是班级建设过程中需要重点注意的对象。班级内部小团体的存在，既折射出各民族在交往交流交融过程中的有利条件，也反映出一定的困境。

其中，24号、32号、29号、26号、19号、22号、30号七人构成的团体中，其民族成分均为藏族，民族成分单一，是班级藏族小团体，由于其具有相同的语言、文化、风俗背景等，使得他们的交流交往更为方便和密切。同时，由于藏族同学具有自身独特的文化习俗和语言，使得其他民族的同学在与一些藏族同学交往交流交融的过程中存在一定的困难。

9号、3号、28号、13号、8号、17号、6号七人构成的团体中，3号为维吾尔族，9号和17号为布依族，28号和13号为回族，6号为傣族，8号为蒙古族，属于班级内部典型的多民族小团体。M实验班的多民族小团体的存在，对于各民族之间增进交往交流交融具有重要的启示意义。该小团体表明了团体内的同学，没有因民族的差异而造成隔阂，反而是彼此互相增进了各种文化间的了解，彼此学习对方的优点，在班级内部的各项活动开展中发挥着积极的示范作用。而此类多民族小团体的存在并不断扩展，势必会打破单一民族的小圈子，让班级内部各民族同学增进了解，加深友谊，实现多民族的大融合，让各民族紧紧团结在一起，实现良性发展。

5）总结

纵观班级内部整体社会网络分析、单个个体点入点出度综合和分别分析、凝聚子群分析可见，M实验班整体联系情况较好，民族之间交往交流交融密切，在学习生活之中互帮互助，基本实现"共学、共乐、共享"。但局部仍存在不足之处，如班级内部核心人物和边缘人物差别较大，边缘人物在班级融入以及同学之间的交融方面较为缓慢；班委成员和非班委成员与其他同学联系差别较大，非班委成员尚未达到与班级内部各成员的密切交流；个别藏族同学形成自身稳定的小团体，欠缺了与其他民族同学的沟通交流，不利于班级凝聚力的建设及各民族交往交流交融。

班级中良好人际关系的建立有赖于班级的稳定和谐发展，而强大的班级凝聚力不仅能够满足班级成员集体归属感的需要，还能增强个人的心理满意度，有效疏通成员的心理问题。同样，也会促进各民族之间的交往交流交融。本书通过对M实验班内部成员间的社会网络分析，得出班级内部存在的小圈子以及边缘人物可能会影响班级凝聚力的建设，不利于各民族之间的交往交流交融。此外，核心人物、多民族小团体的存在又给予了我们较大的启示。如何发挥这些积极因素的作用，促进各民族之间的交往交流交融，是值得我们进一步深入思考的问题。

核心人物是班级建设和民族融合的关键因素，是各少数民族大学生增进交往交流交融的核心推动力量。什么样的人物将会成为班级内的核心人物，通过前面的数据分析可知，班干部成了班级社会网络的核心。班干部职务对于社会网络建设往往起到正向的推动作用。通过加强班干部与其他各族同学的双向沟通和互动，增进同学们对班干部的信任，会让各族同学紧紧围绕在这些核心人物周围，开展丰富多彩的活动，增进彼此的了解，成为一个真正的大家庭。毫不夸张地说，核心人物是民族融合的骨干中坚力量，是增进各族大学生交往交流交融的桥梁。火车跑得快，全靠车头带。因此，我们要塑造一些核心人物，充分发挥核心人物的桥梁作用，促进各民族交往交流交融。就M实验班内部来看，仍需解决核心人物间的协调配合问题，如个别班委成员的任务型工作风格，欠缺主动性和积极性，不利于同学们之间的相互了解和深度交流。据笔者了解，M实验班后期主动组织开展了极具特色的班级文化活动，如民族分享会、家乡集体调研走访等，帮助边缘群体同学更好更快地融入大家庭。总之，核心人物要肩负起身上的重任，主动增进自身对各族同学的交流与了解，进而促进各少数民族同学的交往交流交融，增强各民族对于中华民族的认同，为将来更好地投身家乡建设事业发挥核心力量。

"潜影响人物"是推进少数民族大学生交往交流交融的后备力量，是铸牢中华民族共同体意识不可或缺的重要因素。通过前文的数据分析可以看出，在M实验班中还存在着一些点入度比点出度高的同学，这些同学我们可以称作"潜影响人物"。他们尽管目前没有积极主动地发挥自身的影响力，但由于他们存在的某些特质使他们潜在地对其他同学形成影响，即在班级内部人际关系良好，有诸多同学愿意与他们交往。注重"潜影响人物"的转化，可以有效弥补核心人物覆盖范围太大、质量欠缺的问题。调动"潜影响人物"充分发挥自身的影响力，帮助其他少数民族同学加快融入到班级中来，进而增加各民族之间的交往交流交融。此外，我们也可以观察到有部分同学的点入度和点出度的差距是十分微弱的。这表明，可能存在着一些沟通交流的障碍。如果不及时解决这些障碍，这些同学的点入度和点出度的差距可能会进一步拉大，这样就会出现游离于班级的"边缘人物"，这对于班级的发展是一种隐患，也会使得这些同学被孤立起来。长此以往，势必会阻碍各民族同学的交往交流交融。因此，积极推动"潜影响人物"的转化，发挥带动引领作用，与此同时尽可能搭建平等的双向交流网络，让更多的边缘同学加入到班级建设中来，这对于个体间的民族交融也大有裨益。只有每一个少数民族同学自身投入到民族交往交流交融事业之中，中华民族共同体才会牢不可破。

内部圈子是影响少数民族大学生之间交往交流交融的重要原因。从凝聚子群的分析结果来看，M班内部存在一些内部小团体。这些小团体的存在使得班级网络被分割成多个小块，从而在一定程度上削弱了班级网络的紧密性。这些小团体内部成员都有着自己的共性，也就是说，只有具有相同爱好或者特性的人才能组建成一个圈子，即一个圈子内部的组建往往是建立在较强同质性基础之上的，所以内部圈子从一开始形成就已经对外"封闭"。就M实验班来看，有一个藏族同学的内部小团体，此类小团体有可能会对班级的建设和民族间的交融产生一定的不良影响。就大学生群体来看，每个人都有自己的圈子，往往沉浸在自己的圈子之中，而去逃避更广阔的舞台。要想加强少数民族大学生之间的交往交流交融，实现各族同学守望相助，必须尝试通过多种手段，打开内部圈子的边界，让各族同学一起融入到中华民族的大家庭之中来，这样中华民族多元一体格局才能行稳致远。只有各少数民族同学能够互相平等地交往交流交融，才能铸牢中华民族共同体意识。

大学作为人的社会化的重要场所，也是人成长成材的重要阶段。民族院校更肩负着培育少数民族骨干的重任。要通过加强少数民族的班级凝聚力建设，加强各少数民族同学之间的交往交流交融，绵绵用力，久久为功，才能培养出维护祖国统一和民族团结的合格社会主义建设者和可靠接班人。

四、主要成效

基于西部卓越行政管理专业的铸牢机制、政治引领和民族团结教育等一系列方式进行改革和探索，全面提高学生的知识水平、能力素质和实践技能，探索公共管理人才的培养体系，为民族地区培养出高水平的公共管理人才。

1. 打造创新型、复合型、应用型、通识型人才培养模式

随着知识经济的发展和创新型国家的建设，未来社会对人才的多样化需求将大大增强，单一的培养模式行不通。如何改变现有的单一培养模式，为学生个性化培养创造平台，是摆在我们面前的严峻挑战。行政管理专业综合改革探索中，根据地区教育水平的不平衡以及学生自身差异性，通过实验班、第二学位、普通班、西部班（见表7-3）分别打造具备全球视野的创新型人才、学科交叉的复合型人才、办文办会办事的应用型人才和服务西部地区的通识型人才。

表7-3　行政管理分类培养模式

分类培养	学习能力	学习态度	培养目标	培养去向
行政管理实验班	高	积极参与，自主意识强	具备全球视野的创新型人才	到国内一流院校及出国留学深造
行政管理第二学位	较高	能参与，有一定自主意识	学科交叉的复合型人才	到一般院校深造或到事业单位工作
行政管理普通班	一般	一般参与，有一定自制能力	办文办会办事的应用型人才	创业或到事业单位工作
行政管理西部班	稍微偏低	被动参与，自主能力较弱	服务西部地区的通识型人才	西部地区公务员或选调生

制定实验班、第二学位、普通班、西部班四套培养方案，实施"一个专业，四套方案，自主选择"。在培养目标、基本规格、培养方案、课程体系、教学内容、教学方法和教学手段等方面，有效适应个体发展需求，立足区域社会发展要求，既坚持国家统一标准，又注重多样化，有效建构起分类培养的人才培养体系，打造创新型、复合型、应用型、通识型的"梯田模式"。开设实验班，打造

具备全球视野的创新型人才;创新第二学位培养模式,培育学科交叉的复合型人才;以社会需求为导向,培养具有办文办会办事能力的应用型人才;以卓越思想为基础,塑造服务西部地区的通识型人才。

2. 依托百城调研、百村调研促进师生成长

行政管理专业的两个人文社会科学重点研究基地——中国城市民族与宗教事务治理研究中心、湖北民族地区经济社会发展研究中心定期分别开展百城调研和百村调研。教师以项目化方式带领研究生和高年级本科生团队,把学生的社会调查考核计入必修学分和创新学分,指导具体的调研,加强报告撰写的交流,有助于学生将校内读书会与校外实践结合,增强学生科研能力。同时,教师将"双百"调研所形成的数据和案例资源运用到专业教学中,促进师生的共同发展。

2017年,师军强老师、魏大江老师和李世颉老师带领以西部班同学为主体的35名同学开展暑期社会实践,成效显著。2019年,李金副书记、李茜老师和张海燕老师带领2017级西部班同学实地走访了豌豆思维、烽火科技、周黑鸭等知名企业。2020年,李金副书记和师军强老师带领2018级西部班同学到联想集团参加实习实践活动。西部班获得2019年国家级创新创业训练计划项目2项、省级创新创业训练计划项目2项、校级"互联网+"创新创业大赛奖励3项等骄人的成绩。各团队在调研活动中积极参与,团队内部不断交流沟通,进行了多次集体讨论并做了合理分工,学生也多次与导师深入讨论调研过程中的相关问题,不断对相关课题实践进行修正,这有助于团体协作,取得了良好的效果。

3. 开展校内读书会+校外实践+创新课程体系,提升学生的卓越意识和卓越素质

课内开设政治通识教育、民族理论与民族政策、中华民族共同体教育等校本课程,利用革命基地、传统文化基地等课程内容铸牢中华民族共同体意识。课外开展"一带一路"民族地区社会调查实践、家史家风家训调查等丰富活动,建立民族团结教育常态化机制。在素质提升方面,通过定期的《论语》读书沙龙、对时政热点的思考,在假期调研中全方位训练学生的调研技巧、PPT制作能力、调研汇报能力和报告撰写能力等,提高学生的办文办会办事能力。通过政治导师+专业导师+班主任+家长等相结合的协同培育方式,对行政管理班级的学生学业进行督导,实现学生政治素质和专业素质双提升。

为提升学生的综合素质和职业能力,学院按照四大模块、三个进阶能力和一个课程超市进行培养,实现从简单到复杂、由单一能力培养到综合能力培养,对知识点和能力点按照层次进行学习的课程设置体系。其中四大模块主要包括专业基础知识模块（地方政府原理、中国行政管理思想史）、专业思维训练模块（逻辑学、博弈论、决策理论与方法等）、专业技能提升模块（公共文秘、公共关系、演讲与口才、办公软件应用等）和专业专题深化模块（绩效管理、危机管理、社区管理等）。三个进阶能力主要包括基础能力（"办文办会办事"的"三办"能力）、中级能力（调查研究能力、依法行政能力、公共服务能力、危机处理能力等）、高级能力（领导力、决策力、协调力、信息力、创新力等）。课程超市将选修课开放，满足学生的个性化需求，推动课程优化创新。

总之，政治引领、立德铸魂改革成果显著。其中，"民族院校国家认同教育教学改革的理论与实践"荣获国家级教学成果二等奖，"低进高出"公共管理培养模式获得湖北省教学成果二等奖。毕业生70%以上回到民族地区基层政府、企事业单位就业。

第二节 案例二：聚焦家国情怀和全球竞争力的新青年全球胜任力实验班[①]

"新青年全球胜任力人才培养项目"（以下称"新青年项目"）是中国教育国际交流协会面向国内高校学生设立的新时代青年综合素质与能力培养项目。项目以国家新时代人才发展战略为指导，旨在探索创立加快国际组织人才培养的有效模式，尝试青年学生职业胜任力培养，助力青年创业就业，力求配合高校新时代复合型国际化人才培养目标，加快培养有理想、敢担当及具有家国情怀、全球视野和国际竞争力的新时代青年。

首批全国共59所高校入选，中南民族大学作为其中之一。新青年项目由中南民族大学教务处、学工部、公共管理学院等多个部门协同实施，重点培养学生家国情怀，扩宽国际视野，增强跨文化沟通能力，目的是帮助学习者提升在大型国企、跨国公司、涉外机构、国际组织、大众传媒以及政府部门相关岗位任职和工作的能力，提升我国在国际上的影响力和国际话语权。

一、实验班运行情况

"新青年全球胜任力班"于2022年3月面向全校大一、大二和研一的学生招

---

① 由于表述需要，本案例中难免存在与前文重复之处，敬请谅解。

生，重点选择英语基础好、具有国际化视野的学生。经过笔试面试等环节，最终录取40名，组建虚拟的新青年班。2022年4月15日，"新青年全球胜任力人才培养项目"教学班（以下简称"新青年班"）开班仪式在北京举行。中国教育国际交流协会副秘书长余有根，北京外国语大学原副校长、中国驻法国使馆原公使衔教育参赞马燕生，以及全国百余所高校师生参加了开班仪式。该班采用"课程＋实践"的培养模式，由9门课程、9场结合课程主题的系列讲座，以及与课程教学有机衔接的9项国内外实践活动（简称"999模式"）构成，每年分春季学期和秋季学期开课，学制为一学年；实践活动安排在暑假和寒假。

中南民族大学新青年班围绕扩宽学生国际视野、增强跨文化沟通能力开展系列活动：常态化开展早读英语打卡制和英语角活动；进行最新国外文献翻译；带领新青年班学生赴荆州市政务服务和大数据管理局、三义街试点智慧社区开展调研；到校友企业进行沟通实践能力培养；通过在恩施挂职和调研经历，将恩施的农民办事不出户经验，投到国际会议和国际杂志中，向世界讲述中国故事和中国经验；暑假积极鼓励学生参与实习实践，并开展"读一本好书、做一次调研、做一次演讲汇报"等活动；新青年班学生分享《红星照耀中国》《乡土中国》等书籍，铸牢中华民族共同体意识；开展喜迎二十大、共筑强国梦的爱国主题班会，以及学习党的二十大精神主题班会等活动。

（一）知识的盛宴——"讲座＋课程"的形式广受好评

在春季、秋季课程结束后，针对学生的教学情况进行调研，对新青年班发放1020份问卷，有效问卷1004份，无效问卷16份。调研涉及40所高校的117个专业，在总体样本中，男、女分别为444人、560人，分别占44.2%、55.8%。在年级分布上，总体样本主要为大二学生，占总样本的48.8%，其次为大一学生，占总样本的36.3%。关于学生学习动因方面，参与新青年班的原因中，78.9%的同学选择"全球竞争力的综合能力"，10.9%认为新青年班师资力量雄厚；7.7%的同学认为证书较有含金量。综上所述，学生的学习动机是积极的。对教师的认可度方面，80.3%的同学给出了"很好"的评价，18.8%的同学认为"好"，总体评价较高。理论联系实际度方面，76.1%的同学认为"很好"，22.5%的同学认为"好"。课程兴趣度方面，61.0%的同学对中国文化自信力课程感兴趣，60.6%的同学对国际竞争力课程感兴趣，34.2%的同学对国际沟通力课程感兴趣。学生普遍反映课程含金量高，教师认可度高，课程兴趣高。每门课16个课时的安排，能系统地传授相关领域的知识；从理论到案例，高度浓缩，具有一定挑战性，能有效帮助学生搭建新的知识结构。

春季学期系列讲座已进行三场。对应课程模块，系列讲座聚焦家国情怀、国际理解和跨文化沟通三个主题。学生们表示，课程与讲座相互补充、相得益彰，国际组织官员、资深外交官、跨国企业高管、知名高校学者构成的讲师团队，为学生创造一个宽视域、多视角的立体知识空间。课程接轨世界核心议题，通过生动易懂的概念讲述结合老师多年任职任教的亲身体验，为学生们在课业知识之外打开"世界之窗""视野之窗""格局之窗"，使其更近距离地了解世界过去之事、进行中事和未来之事，更系统地学习和运用崭新视角看问题。学生们纷纷表示，这些课程培养了自己的家国情怀，扩宽了国际视野，增强了跨文化沟通能力。

(二)实践的探索——新青年班师生理论联系实际

新青年项目不仅注重理论知识的传授，而且注重实践能力的培养。2022年班导师组织新青年班的学生们，去企业参观，直接面对企业家，让还在象牙塔的学生们了解如何成为好的求职者，如何成为好的创业者，这些都是书本上学不到的直接经验。通过参观蜜蜂心选公司，学生们深入认识到互联网企业发展的特点。结合蜜蜂心选公司总经理谢浩先生的个人大学经历与谢浩先生对如今应届毕业生的发展规划，同时交流大学生挑战杯的思路和想法，学生们深刻地认识到，在学好知识以外，不要安于现状，一定要勇于折腾，会折腾，但不能瞎折腾。

2023年6月20日，导师带领新青年班的学生们到荆州市西城区街道通会桥社区与三义街社区进行调研。通会桥社区采用持续打造"社区红人"品牌方式，在社区中寻找红人、培养红人，通过积分兑换的形式，以志愿服务来积累积分，并由志愿者联盟根据社区居民意愿来采集物资，供大家进行兑换，以"物质+精神"双重奖励的方式，来进一步提高社区居民的参与度，让共治、共建、共享真正落实到社区治理工作实处。三义街社区将居民包户给下沉党员，安排巡逻志愿服务队伍进行三百六十五天无间断巡逻。以邻里为品牌，针对志愿者年龄大多偏大，因此网上兑换吸引力不够的特点，实现线上线下相结合的积分兑换。这些实践调研让学生们对社区治理和个人职业规划有了更清晰的认识。

为深入贯彻国务院《关于加强数字政府建设的指导意见》，推动数字政府建设进程，提升政府公共服务、社会治理等数字化智能化水平，进一步优化革新政府治理流程和方式，深入推进湖北省政府建设数字化转型，2022年7月，新青年班的导师带领学生赴荆州开展了调研，主要调研地点为荆州市政务服务和大数据管理局、三义街试点智慧社区与荆州市司法局的数字法治政府等。通过实践调研，让新青年班学生更加理解基层治理的重要性。"欲筑室者，先治其基"。基层治理是否有效，事关国家经济社会高质量发展，事关人民群众高品质生活。用心用力用情推进基层治理既是职责所系，更是使命所在。同时也让新青年班学生更深切体会到实践部门利用数字化手段为人民服务的理念。暑期的实践调研让新青年班学生将眼光从课堂与理论开阔至社会与实践。2023年4月，导师带领新青年班学生实地参观了武汉市东湖高新区政务服务中心综合性实体政务大厅的环境建设,详细了解大厅各功能区分布、窗口设置运行及信息化设施设备配置情况,学习政务服务大厅在标准化建设及政务服务中心一体化平台建设上的先进工作经验,并对政务服务大厅数字政府建设中易出现的安全问题进行深入交流研讨。

(三)国际化视野——向世界讲述中国故事和中国经验

在课程进行的过程中,导师带领新青年班学生,以新青年课程知识为基础,依据其在恩施挂职的经历和所见所思撰写中国经验和中国故事初稿,并作为顶级国际会议文章进行投送。在实践过程中,屡屡得到学生们的好评:首次实践论文写作的经历使学生们认识到未来改进的方向和努力的要点,也使学生们初次品味到自己参与的文章真正走出学校、走向国际的成果;在论文的撰写和翻译中,课业知识的内容变得更加生动和熟稔,曾经晦涩难懂的方块字都成了如今能够与人说道一二的心中物……整个创作过程算不上轻而易举,但在导师的悉心指导之下仍算一帆风顺。不仅最终做出了像样的结果,师生关系也在此次实践过程中更加紧密——由老师点灯、同学辅助的道路让学生们受益匪浅,未来还希望有更多向世界讲述中国故事和中国经验的机会。

为丰富学生的实践活动,提升学生的国际化视野,2023年2月,新青年班的4位同学入围联合国驻华机构实地交流项目。2023年8月,新青年班的8位学生入围500强名企创新创业预备营项目,两位学生入围国际志愿者实习项目,一名学生入围联合国日内瓦办事处实地交流项目。这些项目使学生扩宽了国际视野,明确了职业发展规划,提升了创新意识和实践能力,增强了实业报国的信心。

(四)充实的课堂——新青年班师生共同进步

根据课程介绍和培养方案,新青年班学生可以看到主讲教师的简介,每位主讲教师都有着丰富的履历和十足的经验。不仅如此,每门课程对每一课时的教学内容都有着详细的说明,以便学生理解和选择。最终学生可以按照自己的喜好和意愿进行课程选择。目前讲座已经成功举办多场(见表7-4),学生领略了来自不同领域的精英的风采,收获颇丰。

表7-4 新青年班的系列讲座

讲座时间	特邀专家	讲座主题
2022/04/29	王晓军	青年在全球可持续发展和南南合作中的机遇和贡献
2022/05/10	Tudor Parsons	跨文化沟通的理论和实践
2022/05/24	马燕生	百年未有之大变局下全球治理与全球胜任力培养
2022/06/07	周兵	国际谈判中跨文化问题与沟通技巧

续表

讲座时间	特邀专家	讲座主题
2022/10/14	孙保卫	逐梦太空与伟大航天精神
2022/10/20	David G. Evans	Some reflections on living in two different cultures
2022/11/03	金灿荣	从百年未有之大变局看中美关系
2022/11/10	刘激扬	数智时代背景下当代大学生应该如何应对挑战和把握机遇
2022/11/17	Shahbaz Khan	Leadership in UN and UNESCO to deal with global challenges
2023/04/06	徐邦年	未来空战与国家安全战略
2023/04/13	Joe Gallagher	Critical thinking and academic skills
2023/04/20	王粤	怀家国天下，逐多彩人生
2023/04/27	毛琴	走向世界的新青年——新青年全球胜任力人才培养

在教学方面，新青年班有着宛若三明治般的学习体验，课前有着"课前预习＋书目推荐"的习惯，课上有着"自主提问＋老师解答"的环节，课后还有"BB平台答疑讨论"的传统。这三大步骤下来，学生对于知识的理解和掌握岂不是手到擒来？课前预习不同于寻常那般，仅仅停留在提前学习教材内容上，而是一道问题、一段电影节选、一篇会议发言稿……让我们在自我探索中不断挖掘课程的深意和内涵，从而开启新篇章。在课上的自主提问环节，我们能与来自五湖四海不同高校的学生进行交流并且相互学习，他们提出的问题以及思考的深度时常让人发出赞叹，同时老师的回答也发人深思，让人胜读十年书。更值得一提的是，在BB平台上的答疑区有着近五百六十条的讨论，同学们在这里各抒己见，不断学习，相互促进，从而对课程有着更加深刻的见解。

(五)时代的使命——新青年班学生铸牢中华民族共同体意识

2022年暑假，新青年班开展"读一本好书、做一次调研、做一次演讲汇报"等活动，在实践中汇聚青春睿智，弘扬优良家风，传播时代正能量。在分享会上，新青年班学生农春华同学分享的是《红星照耀中国》这本书，该作品真实记录了埃德加·斯诺1936年6月至10月在中国西北革命根据地进行实地采访的所见所闻，报道了中国和中国工农红军以及许多红军领袖、红军将领的情况。这本书带农春华走进伟人的世界，缩短了与伟人的距离，同时她也学到了一些写作技巧。一代人有一代人的"长征"路，这本书给上大学的我们提供了一份力量、一种信念。

宁畅同学分享的是《乡土中国》，该书由费孝通先生所著，是学界公认的中国乡土社会传统文化和社会结构理论研究的重要代表作之一。宁畅同学分别从作者简介、作品概述和自己的思考三个方面做了分享。该书不仅详尽地描述了"何为"传统中国社会，深入地讨论了"为何"会形成这样一个社会，更为我们如今在现代化征程中遇到的种种问题提供了新的解决思路——溯本求源，寻根问路，从我们身上的"乡土性"出发，或许就能找到答案。从古代史到现代史，由国内走向国外，带领我们感受华夏民族文化的数千年之演进，加深我们对国内外经典书籍的了解，铸牢中华民族共同体意识。

2023年3月，国际禁止化学武器组织外联司前司长、联合国秘书长生化武器调查团中国专家、中国联合国协会前副会长兼总干事刘志贤，为新青年班学生带来题为"国际组织与国际职员培养"的精彩讲座，对于国家组织的发展历程、定义、要素、成因、分类、特征等进行了讲解。国际组织人才必备素质，包括家国情怀、国际情怀、知识渊博等，要求学生提高个人素质与专业技能，拓宽视野。他鼓励学生肩负起自己的责任与使命，将我国从人才大国变成人才强国。"少年强则国强"，"青年一代有理想有责任有担当，国家就有前途，民族就有希望"。

同时，班级还开展喜迎二十大、共筑强国梦的爱国主题班会，并开展学习党的二十大精神主题班会，三位学生用全英文或中英文双语汇报自己的感想，分享了自己观看党的二十大报告后的心得体会。会议中，学生们还一同观看了人民网的视频《我们这十年》，让新青年班学生深刻感悟习近平总书记的初心使命、家国情怀，立志担起大国青年的时代责任，为实现中华民族伟大复兴做出自己的贡献。

二、阶段性成果

（一）助力学校全球胜任力人才培养体系建设

全球胜任力培养工作目前已经获得国内各高校不同程度的重视。课程体系建设是高校全球胜任力培养的重中之重。部分高校在全球胜任力人才培养方面开展积极探索，在发展辅修专业方面尚无体系化的课程和师资方案。"新青年全球胜任力人才培养项目"构建了具有中国特色的全球胜任力人才培养课程体系，包含9门系统性课程、9场与课程相衔接的专题讲座，每门课16个课时，每场讲座2个课时，共计162个课时。根据项目实施情况统计，不少院校已将项目纳入校内通识选修课，参加课程学习的学生通过考试、获得结业证书的，可获得学校人才培养方案中的相应学分。

除了有较为完善的课程体系，在实践活动体系建设上也进行了探索和尝试。实践活动是"新青年全球胜任力人才培养项目"的重要组成部分，以项目课程内容为基础，以特色主题和特定能力培养为目标，组织安排系列化的国内外实习实践活动，包括国际组织人才培养专题、跨文化交际与传播专题、国际职业胜任力拓展专题、社会实践与青年发展专题、青年综合素养提升训练专题。

（二）实施国际化人才培养提质增效的重要举措

"新青年全球胜任力人才培养项目"以立德树人为根本，旨在落实"十四五"规划纲要提出的建设高水平教育体系、培养高水平人才队伍的战略目标。项目着眼于国家未来发展人才需求，力求配合高校国际化发展目标，加快培养具有家国情怀、全球视野和国际竞争力的高层次复合型人才。项目聚焦家国情怀、国际理解和跨文化沟通，以理论与实践相结合的形式，为高校国际化人才培养提供了较成体系的解决方案。

目前中南民族大学将"新青年全球胜任力人才培养项目"纳入本校"十四五"规划实施高层次国际化人才培养计划。并结合自身特色与教学优势，将新青年全球胜任力春季和秋季两个学期课程（9门课程、9场结合课程主题的系列讲座，以及与课程教学有机衔接的9项国内外实践活动的"999模式"）纳入教学体系，与本校课程有机融合。

（三）搭建全球胜任力实践育人平台，打造从培养到输送的闭环

我国积极参与全球治理，积极推进"一带一路"建设，构建人类命运共同体，有力地提升了国际竞争力和国际话语权。但目前我国在国际组织中任职人员比例偏低、职位偏低、结构失衡。教育部《关于促进普通高校毕业生到国际组织实习工作的通知》，要求各地各高校加强政策支持、指导服务、人才培养与组织管理，把培养推送高校毕业生到国际组织实习任职工作提高到一个新水平。

"新青年全球胜任力人才培养项目"以提升大学生在国际组织、跨国企业、涉外机构等相关岗位的任职和工作能力为具体目标。在国际组织人才培养方向，新青年全球胜任力培养与发展办公室（以下简称"项目办"）进行了一系列的尝试与探索。"项目办"分别与联合国开发计划署驻华代表处、联合国儿童基金会驻华办事处、联合国教科文组织驻华代表处、联合国人口基金驻华代表处、联合国南南合作办公室、世界银行驻华代表处等国际组织相继开展沟通，围绕国际组织实习、任职、体验式参访考察、青年专业人才计划、世界银行青年峰会、青年俱乐部、青年企业家发展等项目展开协商，力求建立更为适合青年大学生的实践项目。

（四）聚焦家国情怀和全球竞争力的课程体系

课程由"当代中国""国际理解""跨文化沟通"三个模块构成（见表7-5）。课程紧密围绕培养目标设置，聚焦家国情怀、世界观和全球竞争力的素养培养和能力提升。9门课程共144个课时，9门课程分别在一学年的春季和秋季学期内实施，春季学期开设4门课程、秋季学期开设5门课程，学生可根据自身情况灵活选择。授课时间安排在周六和周日的下午及晚间。每门课16个课时的安排，能系统地传授相关领域的知识；从理论到案例，高度浓缩，具有一定挑战性，能有效帮助学生搭建新的知识结构。

表7-5　新青年全球胜任力培养课程

模块	序号	课程名称	主讲师	所在单位	开课时间
当代中国	1	中国特色大国外交专题研究	赵可金	清华大学	2022年秋季学期
	2	全球治理的中国方案	王勇	北京大学	2022年春季学期
	3	"一带一路"与全球发展	查道炯	北京大学	2022年秋季学期
国际理解	4	国际组织与全球治理	刘铁娃	北京外国语大学	2022年春季学期
	5	未来科技发展与创新创业	高旭东	清华大学	2022年秋季学期
	6	气候变化与可持续发展	陈敏鹏	中国人民大学	2022年春季学期
跨文化沟通	7	跨文化沟通与交际	马琳	北京外国语大学	2022年秋季学期
	8	演讲与辩论技能	胡春阳	复旦大学	2022年春季学期
	9	国际公文写作	陈开和	北京大学	2022年秋季学期

建立了线上线下融合、线上课程与线下工作坊衔接的教学模式，整体流程包括五个环节：课前预习（Preview）、线上课堂（Online Instruction）、线下工作坊（Workshop）、线上答疑（Enquiry）、结课综评（Review），简称"POWER模式"（见图7-3）。

项目邀请了在政府、国际组织、外交领域、国际教育机构、跨国企业等任职以及在人才培养和跨文化管理等相关领域具有丰富经历和经验、较强专业水平、较高学术素养的专家、学者、企业家和业界知名人士，为项目课程学习者提供与课程内容相关的专题讲座。

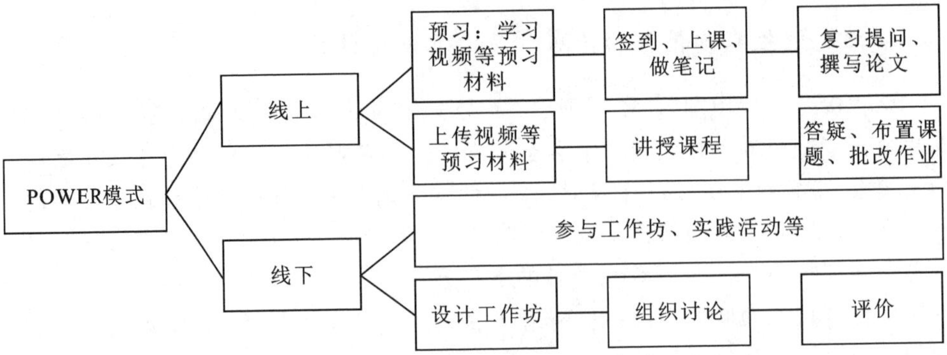

```
                      ┌─ 预习：学习 ──── 签到、上课、──── 复习提问、
                      │  视频等预习    做笔记          撰写论文
                      │  材料
              ┌─ 线上 ┤
              │       │  上传视频等     讲授课程        答疑、布置课
              │       └─ 预习材料                      题、批改作业
  POWER模式 ──┤
              │                    参与工作坊、实践活动等
              └─ 线下 ┤
                      └─ 设计工作坊 ──── 组织讨论 ──── 评价
```

图 7-3　教学模式（POWER 模式）

讲座与课程相互补充、相得益彰，国际组织官员、资深外交官、跨国企业高管、知名高校学者构成的讲师团队，为学生创造宽视域、多视角的立体知识空间。讲座面向全校学生开放。2022年度新青年全球胜任力培养专题讲座如表7-6所示。

表 7-6　2022 年度新青年全球胜任力培养专题讲座

模块	序号	讲座题目	讲座嘉宾	嘉宾简介	开讲时间
当代中国	1	逐梦太空与伟大航天精神	孙保卫	西昌卫星发射中心原党委书记	2022年秋季学期
	2	百年未有之大变局下全球治理与全球胜任力培养	马燕生	中国常驻联合国教科文组织副代表	2022年春季学期
	3	从百年未有之大变局看中美关系	金灿荣	中国人民大学教授	2022年秋季学期
国际理解	4	青年在全球可持续发展和南南合作中的机遇与贡献	王晓军	联合国南南合作办公室副主任	2022年春季学期
	5	Leadership in UN and UNESCO to deal with global challenges	Shahbaz Khan	联合国教科文组织驻华代表处代表、主任	2022年秋季学期
	6	科技创新创业-把握数智时代的机遇	刘激扬	国双科技首席技术官，微软亚洲互联网工程院创建人	2022年秋季学期

续表

模块	序号	讲座题目	讲座嘉宾	嘉宾简介	开讲时间
跨文化沟通	7	The theory and practice of intercultural communication and communication	Tudor Parsons	约克大学语言与技能导师	2022年春季学期
	8	国际谈判中跨文化问题与沟通技巧	周兵	英特尔全球副总裁	2022年春季学期
	9	The whole is more than the sum of its parts: Some reflections on living in two different cultures	David G. Evans	牛津大学博士,北京化工大学特聘教授、"2020北京榜样"年榜人物、"典赞·2020科普中国"十大科学传播人物	2022年秋季学期

（五）丰富的实践活动提升学生的国际化视野

2022—2023年新青年班已实施系列实践活动,如"联合国驻华机构实地交流项目""500强名企创新创业预备营""新青年CLUB""国际志愿者实习项目""联合国日内瓦办事处实地交流项目"等。这些实习实践活动开拓了学生的国际视野,提升了学生的综合能力,让学生展现新时代中国青年的风采,传递中国文化,讲好中国故事。

2023年2月5—11日,教育部下属中国教育国际交流协会主办的联合国驻华机构实地交流项目举行,中南民族大学新青年班的4位同学入围参加。本次交流项目为期7天,以实地调研的模式开展。参训学员在联合国驻华代表处的官员、专家、导师、学业指导教师、机构工作人员等带领下,圆满完成了专家讲座、互动研讨、观摩学习、实地跟岗、模拟面试等多项研修活动。在项目交流期间,学员们分别对UNICEF、UNDP、UNV等驻华机构进行参访,听取联合国驻华代表、机构官员、优秀实习生等所作的项目介绍并进行了互动交流。儿童基金会新闻处、清华大学青少年德育研究中心、国家气候战略中心、国家妇幼中心负责人及相关专家,就"青少年发展形势""双碳战略与绿色发展""青少年心理健康""职业规划"等课题与学员们展开交流。多位联合国驻华代表参与了分享沙龙活动,帮助大家进一步深入认知联合国驻华代表处的工作、职能及项目活动、人员选拔、岗位要求等。学员们各抒己见,集思广益,为相关课题提供了较多解决方案。英国皇家化学会北京分会主席、北京化工大学特聘教授戴伟作了关于跨文化交流与沟通的主题讲座，围绕当前各国之间的文化差异或文化冲突及不同的文化现象、习俗等进行了剖析，并就相关问题提出了相应的解决方法。此次调研学习，开阔了国际视野，提高了综合素质。

2023年7月19—25日，中南民族大学新青年班的8位同学参加了知名企业联合开展的500强名企创新创业预备营实习实践活动，学员们分别调研了阿里巴巴园区、吉利汽车体验馆、盒马生鲜、云栖小镇、中国算力小镇和中国蓝直播基地等，通过"沙漠掘金"游戏沉浸式体验创新创业的奥秘，运用"智能创业资源库"组建智能产品团队，制作成互动科技产品，通过5W1H法以商业画布的形式完成产品汇报并进行路演，等等。通过"大师说"的一系列专题讲座，学员们深度了解了阿里文化以及青年大学生如何提高自己的面试能力；领悟了新零售商业模式和互联网发展历程和发展机制；明晰了智能产品现状，对智能产品在国家未来发展中的重要地位有了深刻的认识。此次500强名企创新创业预备营实习实践活动是新青年班人才培养工作的延伸、拓展和深化，旨在通过与500强知名企业的深度合作，增强学生对社会和企业的了解，通过真实商业课题、专业技能、经验分享、演讲沟通等实践环节开拓学生思维，探索企业经营模式和发展规律，发掘自身职业胜任力。

2023年7月至8月，中南民族大学新青年班两名学生赴美国参加国际志愿者实习项目，国际志愿者实习项目作为"新青年全球胜任力人才培养项目"海外社会实践活动之一，为中国大学生提供了赴海外志愿实习的机会。项目旨在配合高校国际化发展目标，加快培养具有家国情怀、全球视野和国际竞争力的高层次复合型人才。中国大学生作为新时代青年的代表，在从事志愿实习的同时，也能够向世界展示中国新青年的形象，增进中外人民间的了解和友谊，促进中外教育文化交流与合作。在项目实施期间，学员以国际志愿者的身份进入社区发展与社区服务中心、博物馆、学前中心、青少年中心、健康中心、歌剧院等非营利性机构或企业，与当地同事及国际学生并肩开展为期4～12周的职场学习与实践活动。实习之余，学生在当地参观大学，实地体验异国生活，了解当地文化及风土人情，项目全程入住寄宿家庭。在外方老师的指导下，学生深入外国社会，以调研课题为载体，分别从教育、社会职能与公共安全、流行文化、公益组织与志愿者服务、家庭结构与社区生活等五大方面开展调研活动。

2023年8月，中南民族大学新青年班一名学生赴日内瓦参加联合国日内瓦办事处实地交流项目。这个项目为学生创造可以直接参与开展国际组织相关项目实践的机会，在国际组织高级别官员的带领下进行实地交流高强度浸入式训练，贡献青年人的智慧，增强国际理解，锻炼国际职业胜任能力，提高国际组织就业竞争力。在为期十天的活动中，学生走进国际组织和常驻联合国代表团，对话现任外交官,开展浸入式调研工作,进行联合国体系内职业规划。学生实地参访了世界贸易组织、世界知识产权组织、世界卫生组织、欧洲核子研究组织、国际红十字会博物馆、国际奥林匹克博物馆。在各机构的精心组织下,学生身临其境感受办公氛围,相关项目官员及工作人员为学生系统讲解了机构的成立背景、使命、发展历程、组织架构以及目前在世界各地开展的项目等内容,并与学生进行交流互动。学生踊跃发言,围绕"联合国可持续发展目标""突发公共卫生事件应急处理""人工智能"等议题展开深入研讨。机构还组织学生参与联合国青年职业发展专家座谈和模拟外交磋商活动,学生对联合国各机构、岗位类型和外交磋商所需能力等方面进行了深入了解。

(六)学生对课程和班级的评价

希望新青年的课程可以让学生在专业知识以外汲取更多丰富的内容。乔布斯在斯坦福大学说过:"未来你有无数个点,你要相信它们会相连。"我们所看过的每一本书、走过的每一步路,你要相信在未来的某一时刻一定会给你回应与帮助。所以我们只需认真地做好每一件事、走好每一步路,其他的交给时间。

——新青年班教师

新青年班的春季课程结束了,但有关国际视野的学习永不止步。我很荣幸能够加入新青年班,在这里,我不仅认识了有着同样爱好、相同志向的同学们,还能与各位名师教授深入探讨专业问题。老师们对课程独到的讲解与说明,同学们对问题深刻的看法与反思,都让我仰取俯拾,稛载而归。我认为这门课程带给我的收获不仅仅停留在知识层面,更多的是精神层面,它让我摒弃了从前浅薄的、单一片面的认知结构,学会用更加深刻的、立体多面的视野去认识世界。最后,我想说:生命不息,学习不止。

——新青年班学生 廖嘉盈

新青年项目旨在培养具有家国情怀、国际视野和跨文化沟通能力的国际化复合型人才。在本学期的课程中我们学到了很多东西。例如,深入了解中国改革与发展成就,了解世界人文、经济与社会发展。最为重要的是学会了如何讲好中国故事,传播好中国声音,展示真实、立体、全面的中国;提高国际学术交流能力;提升自我国际竞争能力。通过演讲与辩论技巧来与不同人不同事进行探讨。老师们循循善诱,我们逐渐懂得什么才是真正的致良知之学。

——新青年班学生 于灏

感谢项目的主办方和学校老师们的支持,如此难得的实践机会不仅让我认识了更多优秀的老师和同学,还让我感受到联合国 Leave no one behind 的精神内核与帮助弱势群体的决心与践行,我将会继续努力学习,在生活中践行我所感受到的联合国精神,并以实际行动带动身边的同学、朋友共同奋进!

——新青年班学生 程馨慧

非常感谢中国教育国际交流协会以及我们的学校能给我们这个机会,让我们参与到本次实地交流项目当中去,了解联合国各机构的运作方式、主要工作、选拔流程以及他们工作的意义!通过这次交流,我们大家不仅学到了知识,更强化了团队合作、交流沟通的技能,为我们以后更好地学习奠定了坚实的基础!

——新青年班学生 丁佳欣

参加新青年班让我受益匪浅,学习到很多新知识新概念,老师的授课和同学的讨论常常能够启迪我的智慧,引发我的思考。这次课程不仅拓宽了我的知识面,也让我看到了现在世界上存在的很多问题,而这些问题需要未来我们青年的智慧和力量去解决,中国需要我们青年的声音。

——新青年班学生 周璇

在这些课程里,我学到了站在人类命运共同体的角度去思考问题,授课教师都很博学多识,除了丰富的知识以外,上课时提出的一些观点和角度也很新颖,让人受益良多。

——新青年班学生 文婷

主要参考文献

[1] 王娟,宋伊琳.团体心理辅导在学业困难大学生教育中的新探索[J].科教文汇(中旬刊),2011(26):181-182.

[2] 王自华,罗葆春.高校学困生成因分析及预警机制构建[J].人民论坛,2011(8):172-173.

[3] 李玉环.高校学困生:现状、成因与对策[J].教学研究,2008(1):41-44.

[4] 王自华,张宝敬,施媛,等.大学生学业困难预警机制初探[J].河北工业大学学报(社会科学版),2009,1(3):84-87.

[5] 钱芳.高校学生管理预警机制探索[J].湖南涉外经济学院学报,2012(2):74-78.

[6] 丁福兴,隋爱红,蔡熹芸.高校学生学业预警机制的程序设计与优化[J].成都中医药大学学报(教育科学版),2009,11(1):4-5.

[7] 周伟辉,江全元.高校学业困难生预警与帮扶体系的构建与实践[J].高校论坛,2013(11):100-103,106.

[8] 江振振.论高校学业困难学生形成原因及其对策[J].文教资料,2012(16):147-148.

[9] 杨日晨.学分制下高校学生预警机制构建探索[J].常熟理工学院学报,2012,26(6):18-20.

[10] 李秀明.基于预警目的的学业帮扶策略研究[J].广西教育学院学报,2014(1):131-132,135.

[11] 赵辉.家庭环境因素与大学生成就动机的相关研究[J].中国健康心理学杂志,2004(5):325-326.

[12] 李喜娜.家庭环境对于学业困难大学生的影响探究[J].赤峰学院学报(自然科学版),2013,29(11):159-161.

[13] 杜玉凤,李晓敏.大学生心理健康[M].北京:教育科学出版社,2010.

[14] 高明生. 大学生学业预警机制探究 [J]. 中国电力教育, 2013 (7): 209-210, 212.

[15] 李娟娟. "核心"与"边缘"——对一个大学班级的社会网络分析 [J]. 扬州大学学报（高教研究版）, 2018, 22 (1): 82-89.

[16] 朱群英, 赵英. 基于社会网络分析的高校班级网上网下关系比较研究 [J]. 科技情报开发与经济, 2015, 25 (12): 143-145.

[17] 张晓玲. 社会网络分析在高职生人际关系研究中的应用——高职学生学业关系与生活关系状况的调查与社会网络分析 [J]. 辽宁高职学报, 2011, 13 (10): 108-110.

[18] 权培培, 段禹, 崔延强. 文科之"新"与文科之"道"——关于新文科建设的思考 [J]. 重庆大学学报（社会科学版）, 2021, 27 (1): 280-290.

[19] 李玮. 新文科背景下公共管理类新型人才培养实践教学优化 [J]. 黑龙江教师发展学院学报, 2022, 41 (5): 48-50.

[20] 丁惠炯, 彭顺绪. 公共管理类专业应用型人才培养体系及方法论探析——对地方高校的实证研究 [J]. 教育现代化, 2019, 6 (93): 1-4.

[21] 刘碧强. 协同实践育人视角行政管理专业实践教学基地建设探究 [J]. 实验室研究与探索, 2018, 37 (5): 248-253.

附录一

行政管理卓越班教学计划

"西部少数民族卓越行政管理人才实验班"培养方案

Undergraduate Program for Western minority outstanding Public Administration Experimental Class Major

一、培养目标

Ⅰ. Educational Objectives

在专业人才培养目标定位方面,结合专业特点,卓越行政管理人才培养目标应涵盖知识体系、管理能力和综合素质等三个版块,使学生熟悉和掌握行政管理的一般理论和知识,尤其熟悉和掌握公共管理和一般管理学的基本理论和知识,同时通晓当代中国政治体制、行政体制的基本情况,具有从事现代行政管理所必备的外语、公文写作、电子信息处理等基本技能,以及具有一定的从事实际行政领导、决策和人事管理能力,培养能胜任科研机构、党政机关、事业单位、社会团体等相关工作的复合型、应用型专门人才。

The educational objective for professional and excellent administrative talents should include three sections: knowledge system, management ability and comprehensive quality, to make the students to be familiar with the general theory and knowledge of the administrative management, especially the basic theory of public management and the general management science, and at the same time, master the knowledge of contemporary political system in China, and the basic situation of administrative system. This program is designed to cultivate specialized talents, who have acquired basic skills of foreign language, document writing and electronic information processing and have certain executive leadership, decision making and personnel management ability who are qualified for scientific research institutions, party and government institutions, and social groups.

二、要求与特色

Ⅱ. Requirement and Features

本专业要求学生系统学习并掌握管理科学、政治学、行政学、经济学、社会学等现代科学的基本理论和基本知识，具备适应办公自动化、应用管理信息系统所必需的定量分析和计算机技能，具有进行质量管理、数据的收集与处理、统计分析以及规划、协调、组织和决策等诸方面的能力，以适应我国事业机构在新形势下对人才的要求，适应21世纪行政管理发展的需要。

毕业生应获得以下几个方面的知识与能力：

1. 掌握管理科学、政治学、行政学、经济学、社会学及其他社会科学领域的基本理论和基本知识。

2. 具有适应办公自动化、应用管理信息系统所必需的定量分析和应用计算机的技能。

3. 具有从事公共事业单位管理的基本能力，熟悉党和国家的方针、政策与法规。

4. 具有较强的语言文字表达能力和写作能力；具有较强的社会调查以及获取、处理信息的能力。

5. 掌握文献检索、资料查询的基本方法，具有一定的科学研究和策划、组织、执行的实际工作能力。

6. 具有创新意识和开拓能力、团队精神与合作意识，具有良好的职业道德、高尚的人格和社会责任感；具有较强的专业判断能力与决策能力，以及分析问题和解决问题的能力，具有较强的组织、管理能力和较高的领导艺术。

Students in this major are required to learn and master the basic theory and knowledge of modern science such as Science of Management, Politics, Public Administration, Economics, Sociology, etc, to gain skills of adapting office Automation, doing quantitative analysis needed by management of information system, and utilizing computer, to obtain ability to qualitative managing, data collecting and disposing, statistic analyzing, planning, adjusting, organizing, and decision-making.

Students will gain knowledge and ability：

1. Basic theory and knowledge of modern science such as science of management，politics，Public Administration，Economics，Sociology，and other social sciences.

2. Skills of adapting Business Intelligence，doing quantitative analysis needed by management of information system，and utilizing computer.

3. Ability to manage in public affair departments，be familiar with policies，regulations，and laws of our country and Party.

4. Skills of expressing and writing，and can investigate to acquire，deal with message.

5. Methods of catalogue-search and looking up materials. Capability to study，plan，organize.

6. Capability of creating and exploring. Spirit of cooperation，obligation. Good character，professional ethics. Ability to judge and make determine，analyzing problem. Arts of leadership.

三、学制与学位

Ⅲ. Length of Schooling and Degree

修业年限：4 年
Duration：4 years
授予学位：管理学学士学位
Degrees conferred：Bachelor of Management

四、主干学科

Ⅳ. Major Disciplines

行政管理学。
Public Administration.

五、核心课程

Ⅴ. Core Courses

主要课程（Major Disciplines）：管理学原理（Principle of Management）、行

政管理学（Public Administration）、政治学（Politics）、公共管理学（Public Management）、比较行政体制（Comparison System of Administration）、行政组织学（Administrative Organization）、公共政策学（Public Policy）、公共经济学（Public Economics）、行政法与行政诉讼法（Administrative Law and Administrative Accusation Law）等。

六、主要实践性教学环节

VI. Main Internship and Practical Training

电子政务实验（E-government Experiment）、假期社会调查（Social Survey in Holidays）、行政管理综合教学实习（Public Administrative Comprehensive Practice Teaching）。

七、主要专业实验

VII. Main Experiments

电子政务实验（E-government Experiment）。

八、学时与学分

VIII. Hours and Credits

学时学分构成表（范例）
Table of Hours and Credits

课程类别 Courses Classified		学时/周数 Period/Weeks	学分 Credit		学分比例 Proportion of Period
			理论 Theory	实践 Practice	
通识课程平台 General Courses Platform	通修 General Compulsory	576＋3W	34	(6.5)	23％
	通选 General Elective	370	8		5％

续表

课程类别 Courses Classified		学时/周数 Period/Weeks	学分 Credit		学分比例 Proportion of Period
			理论 Theory	实践 Practice	
学科基础课程平台 Basic Courses Platform	必修 Compulsory	456	27.5		19%
	选修 Elective	412	12		8%
专业课程平台 Major Courses Platform	必修 Compulsory	360	21.5	(0.5)	14%
	选修 Elective	820	24		17%
小计 Amount		2994+3W	127	(7)	65%（必修）
					35%（选修）
实践教学平台 Practical Teaching Platform	必修 Compulsory	15		20	实践教学环节占总学分的比例：18%
	选修 Elective	5			
最低毕业学分 The Lowest Graduate Credit		147			

九、教学进程计划表

IX. Teaching Schedule Form

表一：通识课程平台

Form 1：General Courses Platform

表一（A）：通识必修课程（通修课）
Form 1(A): General Compulsory Courses(General Required)

课程编号 Course Code	课程名称 Courses Names	学分数 Crs.	总学时 Hrs.	学时类型 Period Classification				各学期周学时分配 Division of class-hour in Every Week of Each Term						备注 Notes
				讲课 Lec.	实验 Exp.	上机 Ope.	实践 Pra.	一 1st	二 2nd	三 3rd	四 4th	五 5th	六 6th	
1111000000113	军事理论与训练 Military Training and Military Theory	2	32	32			3W	√						1—3周
2051000000313	英语1 English 1	3	48	48				4						4—15周
2181100000313	体育1 Physical Education 1	0/1	32				32	2						4—18周
2171000000413	形势与政策 Situation and Policy	1/1	32	16			16		2					1—16周
2041030130l3	民族理论与政策 National Theory and Policy	3	48	48					4					1—12周

续表

课程编号 Course Code	课程名称 Courses Names	学分数 Crs.	总学时 Hrs.	学时类型 Period Classification					各学期周学时分配 Division of class-hour in Every Week of Each Term						备注 Notes
				讲课 Lec.	实验 Exp.	上机 Ope.	实践 Pra.	一 1st	二 2nd	三 3rd	四 4th	五 5th	六 6th	
217100000713	思想道德修养 Cultivation of MOrals	2	32	32					2					1—16周
205100000413	英语 2 English 2	3	48	48					4					5—16周
218110000213	体育 2 Physical Education 2	0/1	32				32		2					1—16周
217100000513	中国近现代史纲要 Essentials of China Modern and Contemporary History	1.5/ 0.5	32	24			8			2				1—12周

续表

课程编号 Course Code	课程名称 Courses Names	学分数 Crs.	总学时 Hrs.	学时类型 Period Classification					各学期周学时分配 Division of class-hour in Every Week of Each Term						备注 Notes
				讲课 Lec.	实验 Exp.	上机 Ope.	实践 Pra.	一 1st	二 2nd	三 3rd	四 4th	五 5th	六 6th	
202100024913	现代汉语 Modern Chinese	3	48	32					2					5—16周
202100025013	阅读与写作 Reading and Writing	3	48	32					2					
21710000213	毛泽东思想和中国特色社会主义理论体系概论 An introduction to Mao Zedong thought and the theoretical system of socialism with Chinese characteristics	4/2	96	64			32				4			1—16周
21710000113	马克思主义基本原理 Marxist Fundamentals	2/1	48	32			16					2		1—16周

续表

课程编号 Course Code	课程名称 Courses Names	学分数 Crs.	总学时 Hrs.	学时类型 Period Classification				各学期周学时分配 Division of class-hour in Every Week of Each Term						备注 Notes
				讲课 Lec.	实验 Exp.	上机 Ope.	实践 Pra.	一 1st	二 2nd	三 3rd	四 4th	五 5th	六 6th	
	总学时合计：The Whole Periods 576+3W （理论学时/实践学时）408/136+3W						学期周学时小计 Periods in Each Term	6	16	4	4	2		
	总学分合计：The Whole Credits 28 （理论学分/实践学分）27.5/6.5						学期学分小计 Credits in Each Term	6	14	5	6	3		

表一(B):通识选修课程(通选课)

Form 1 (B): Suggested General Compulsory Courses (Suggested General Required)

课程类别	课程编号 Course Code	课程名称 Courses Names	学分数 Crs.	总学时 Hrs.	学时类型 Period Classification			各学期周学时分配 Division of class-hour in Every Week of Each Term							备注 Notes
					讲课 Lec.	实验 Exp.	上机 Ope.	实践 Pra.	一 1st	二 2nd	三 3rd	四 4th	五 5th	六 6th	七 7th	
语言类	20510000213	英语3	3	48	48						4	4				1—16周
	20510000113	英语4	3	48	48							4				1—16周
	20210322213	普通话口语训练	2	32	32							2				1—16周
	20210314813	少数民族语言概论	2	32	32								2			
文化类	20110312813	中国哲学	2	32	32					2						
	20510302913	中国民俗文化与旅游	2	32	32					2						
	11510000213	大学生职业生涯与发展规划	1	18	18											
	20210305413	民族文化传播	2	32	32								2			
	20310302113	少数民族美术鉴赏	2	32	32											
艺体类	21811000413	体育3	0/1	32				32				2				
	21811000113	体育4	0/1	32				32				2				

通识选课学分要求:8学分

从语言、文化、艺体类课程中修读即可。

表二：学科基础课程平台
Form 2: Basic Course Platform

课程类别 Courses Classified	课程编号 Numbers of courses	课程名称 Courses Names	学分数 Crs.	总学时 Hrs.	学时类型 Period Classification				各学期周学时分配 Division of class-hour in Every Week of Each Term								备注 Notes
					讲课 Lec.	实验 Exp.	上机 Ope.	实践 Pra.	一 1st	二 2nd	三 3rd	四 4th	五 5th	六 6th	七 7th	八 8th	
学科基础必修 Require Basic Courses	21010200913	高等数学 B1 Advanced Mathematics B1	3.5	72	56			16	5								
	20810300713	管理学原理（公管） Principle of Management	3	48	48				3								
	20810300413	政治学 Politics	3	48	48				3								
	20810300113	微观经济学 Micro-economics	3	48	48					3							
	20810300281	公共管理学 A Public Administration	3	48	48					3							

续表

课程类别 Courses Classified	课程编号 Numbers of courses	课程名称 Courses Names	学分数 Crs.	总学时 Hrs.	学时类型 Period Classification				各学期周学时分配 Division of class-hour in Every Week of Each Term								备注 Notes
					讲课 Lec.	实验 Exp.	上机 Ope.	实践 Pra.	一 1st	二 2nd	三 3rd	四 4th	五 5th	六 6th	七 7th	八 8th	
学科基础必修 Require Basic Courses	20710100313	组织行为学 organizational Behavior	2	32	32					2							
	208103002113	宏观经济学 Macro-economics	3	48	48						3						
	208103002513	公共政策学 Public Policy	3	48	48						3						
	204100036013	民族宗教事务管理 Ethnic and Religious Affairs Governance	2	32	32									2			
	208103006213	当代中国政府与政治 Modern Chinese Government and Politics	2	32	32							2					

续表

课程类别 Courses Classified	课程编号 Numbers of courses	课程名称 Courses Names	学分数 Crs.	总学时 Hrs.	学时类型 Period Classification				各学期周学时分配 Division of class-hour in Every Week of Each Term								备注 Notes
					讲课 Lec.	实验 Exp.	上机 Ope.	实践 Pra.	一 1st	二 2nd	三 3rd	四 4th	五 5th	六 6th	七 7th	八 8th	
学科基础选修 Elective Basic Courses	207101001213	应用统计学（公管） Applied Statistics	3/0.5	60	48		12				3						学科基础选修课学分要求： The required scores of subjects elective courses
	208103002613	社会学 Sociology	3	48	48					3							
	204100036913	社会工作概论 Social work	3	48	48						4						
	207101001613	企业管理学（公管） Enterprise Management	3	48	48					3							
	219100000713	计算机基础及应用 Computer Fundamentals and Application	1/1	40	24	16				2							

续表

课程类别 Courses Classified	课程编号 Numbers of courses	课程名称 Courses Names	学分数 Crs.	总学时 Hrs.	学时类型 Period Classification				各学期周学时分配 Division of class-hour in Every Week of Each Term								备注 Notes
					讲课 Lec.	实验 Exp.	上机 Ope.	实践 Pra.	一 1st	二 2nd	三 3rd	四 4th	五 5th	六 6th	七 7th	八 8th	
学科基础选修 Elective Basic Courses	20710300 1313	会计学(公管) Accounting	2.5/0.5	52	40	12					3						第2学期 5学分 The second semester: 5 scores
	20810300 6313	经济法 Law of Economy	2	32	32						2						
	20710100 1113	市场营销(B) Marketing	2	32	32						2						第3学期 7学分 The third semester: 7 scores
	20710100 1713	管理信息系统(公管) Management Information System	2.5/0.5	52	40		12					3					

续表

课程类别 Courses Classified	课程编号 Numbers of courses	课程名称 Courses Names	学分数 Crs.	总学时 Hrs.	学时类型 Period Classification				各学期周学时分配 Division of class-hour in Every Week of Each Term								备注 Notes
					讲课 Lec.	实验 Exp.	上机 Ope.	实践 Pra.	一 1st	二 2nd	三 3rd	四 4th	五 5th	六 6th	七 7th	八 8th	
		总学时合计: The Whole Periods:890/76			学期周学时小计 Oeriods in Each Term				11	16	25			2			
		总学分合计: The Whole Credits:50.5/2.5			学期学分小计 Credits in Each Term				9.5	16	24			2			

学分要求：学分:39.5　其中必修 27.5,选修 12
Demand of Credit:Credit:39.5　Required 27.5,Elective:12

表三：专业课程平台
Form 3: Major Courses Platform

课程类别 Courses Classified	课程编号 Numbers of courses	课程名称 Courses Names	学分数 Crs.	总学时 Hrs.	学时类型 Period Classification			各学期周学时分配 Division of class-hour in Every Week of Each Term								备注 Notes
					讲课 Lec.	实验 Exp.	上机 Ope.	实践 Pra.	一 1st	二 2nd	三 3rd	四 4th	五 5th	六 6th	七 7th	八 8th	
专业必修 Required courses	208100045413	民族地区行政管理 Public Administration in Ethnic Minority Area	3	48	48							3					
	208103004413	公共经济学 Public Economics	3	48	48							3					
	208103006413	公共部门人力资源管理 Public Human Resource Management	2.5/0.5	52	40		12							3			
	208103001213	行政法与行政诉讼法 Administrative Law	3	48	48									3			

132

续表

课程类别 Courses Classified	课程编号 Numbers of courses	课程名称 Courses Names	学分数 Crs.	总学时 Hrs.	学时类型 Period Classification			各学期周学时分配 Division of class-hour in Every Week of Each Term								备注 Notes
					讲课 Lec.	实验 Exp.	上机 Ope.	实践 Pra.	一 1st	二 2nd	三 3rd	四 4th	五 5th	六 6th	七 7th	八 8th	
专业必修 Required courses	208103003213	行政能力测试与申论训练 Administrative Aptitude Test and Essay	2	40	16		24								4		
	20810300 6713	领导科学 Leadership	2	32	32					4			2				
	20110300 0313	宪法学 Constitutional law	3	48	48												
	20810004 5713	人员测评与面试技巧 Personnel Assessment and Interviewing Skills	2/0.5	44	32		12							3			

续表

课程类别 Courses Classified	课程编号 Numbers of courses	课程名称 Courses Names	学分数 Crs.	总学时 Hrs.	学时类型 Period Classification					各学期周学时分配 Division of class-hour in Every Week of Each Term								备注 Notes
					讲课 Lec.	实验 Exp.	上机 Ope.	实践 Pra.	一 1st	二 2nd	三 3rd	四 4th	五 5th	六 6th	七 7th	八 8th	
专业选修 Elective courses	20810003991 3	地方政府过程 Local Governmental Process	2	32	32							2					专业基础知识模块
	20810004241 3	国际政治 International Politics	2	32	32							2					
	20810030027 13	中国政治制度史 History of Chinese political system	2	32	32								2				
	20810004281 3	中国行政管理思想史 History of Chinese administrative management thought	3	48	48									3			

续表

课程类别 Courses Classified	课程编号 Numbers of courses	课程名称 Courses Names	学分数 Crs.	总学时 Hrs.	学时类型 Period Classification				各学期周学时分配 Division of class-hour in Every Week of Each Term								备注 Notes
					讲课 Lec.	实验 Exp.	上机 Ope.	实践 Pra.	一 1st	二 2nd	三 3rd	四 4th	五 5th	六 6th	七 7th	八 8th	
专业选修 Elective courses	208103003013	行政案例分析 Public Administration Case Analysis	2	32	32									2			
	208103004213	非政府组织管理 Nongovernmental organizations Management	2	32	32								2				专业思维训练模块
	208103005713	决策理论与方法 Decision-making Theory and Methods	1.5/0.5	36	24		12						2				

续表

课程类别 Courses Classified	课程编号 Numbers of courses	课程名称 Courses Names	学分数 Crs.	总学时 Hrs.	学时类型 Period Classification				各学期周学时分配 Division of class-hour in Every Week of Each Term								备注 Notes
					讲课 Lec.	实验 Exp.	上机 Ope.	实践 Pra.	一 1st	二 2nd	三 3rd	四 4th	五 5th	六 6th	七 7th	八 8th	
专业选修 Elective courses	208103016313	公共人力资源管理案例分析 Human Resource Management Case Analysis in Pubic Administrations	2	32	32								2				专业思维训练模块
	20810004431 3	城市管理学 Municipal Administration	1.5/0.5	36	24			12				2					
	20810300701 3	国家公务员制度 National Civil Servant System	2	32	32							2					

续表

课程类别 Courses Classified	课程编号 Numbers of courses	课程名称 Courses Names	学分数 Crs.	总学时 Hrs.	学时类型 Period Classification					各学期周学时分配 Division of class-hour in Every Week of Each Term								备注 Notes
					讲课 Lec.	实验 Exp.	上机 Ope.	实践 Pra.	一 1st	二 2nd	三 3rd	四 4th	五 5th	六 6th	七 7th	八 8th	
专业选修 Elective courses	208103005113	社区管理 Community Management	2	32	32							2					
	208100044613	公共组织绩效管理 Public organization Performance Management	1.5/0.5	36	24		12						2				专业思维训练模块
	208100038113	公共部门危机管理 Public Sector Crisis Management	2	32	32								2				
	208100045513	文化管理 Cultural Management	2	32	32							2					

续表

课程类别 Courses Classified	课程编号 Numbers of courses	课程名称 Courses Names	学分数 Crs.	总学时 Hrs.	学时类型 Period Classification				各学期周学时分配 Division of class-hour in Every Week of Each Term								备注 Notes
					讲课 Lec.	实验 Exp.	上机 Ope.	实践 Pra.	一 1st	二 2nd	三 3rd	四 4th	五 5th	六 6th	七 7th	八 8th	
专业选修 Elective courses	208100045613	社会救助法 Social Assistance Act	2	32	32										2		专业思维训练模块
	208100040213	公共政策前沿专题 Forefront Topics of Public Policy	2	32	32								2				
	208100040413	互联网治理 Internet Governance	1	16	16									2			
	20810300541	电子政务 B E-government	1.5/1	48	24			24				3					

续表

课程类别 Courses Classified	课程编号 Numbers of courses	课程名称 Courses Names	学分数 Crs.	总学时 Hrs.	学时类型 Period Classification				各学期周学时分配 Division of class-hour in Every Week of Each Term								备注 Notes
					讲课 Lec.	实验 Exp.	上机 Ope.	实践 Pra.	一 1st	二 2nd	三 3rd	四 4th	五 5th	六 6th	七 7th	八 8th	
专业选修 Elective courses	20810302613	公共文秘 Public Secretary	2	32	32							2					专业实用技能训练模块
	208100043013	统计软件分析 Statistical Analysis	0.5/1.5	44	8		36						3				
	20810326013	田野调查与质性研究 Investigation and Qualitative Research	0.5/0.5	20	8		12						2				
	20810322513	科研写作规范与技巧 Scientific Research Writing Norms and Skills	1	16	16										1		
	20810305813	办公软件应用 office Software Application	1/1	40	16		24					2					

续表

课程类别 Courses Classified	课程编号 Numbers of courses	课程名称 Courses Names	学分数 Crs.	总学时 Hrs.	学时类型 Period Classification				各学期周学时分配 Division of class-hour in Every Week of Each Term								备注 Notes
					讲课 Lec.	实验 Exp.	上机 Ope.	实践 Pra.	一 1st	二 2nd	三 3rd	四 4th	五 5th	六 6th	七 7th	八 8th	
专业选修 Elective courses	208100040113	公共关系礼仪 Public Relations	2	32	32										2		专业实用技能训练模块
	208100043213	演讲与口才 Speech and Eloquence	2	32	32										2		
学期周学时小计 Periods in Each Term					26	22	15	4		3		26	22	11.5	6		
总学时合计: The Whole Periods:1192/168				学期学分小计 Credits in Each Term													
总学分合计: The Whole Credits:64.5/6.5																	

续表

课程类别 Courses Classified	课程编号 Numbers of courses	课程名称 Courses Names	学分数 Crs.	总学时 Hrs.	学时类型 Period Classification				各学期周学时分配 Division of class-hour in Every Week of Each Term								备注 Notes
					讲课 Lec.	实验 Exp.	上机 Ope.	实践 Pra.	一 1st	二 2nd	三 3rd	四 4th	五 5th	六 6th	七 7th	八 8th	

学分要求:学分:47 其中必修21.5学分,选修24学分。其中第4学期选修6学分,第5学期选修7学分,第6学期选修7学分,第7学期选修4学分。每学期选修课程的选择由全体学生与老师共同商定。

Demand of Credit:45.5 Credit:45.5 Required:21.5 Elective:24

Required scores of subjects elective courses:the 4th semester:6 scores,the 5th semester 7 scores,
the 6th semester 7 scores, the 7th semester 4 scores

表四：实践教学平台
Form 4: Practical Teaching Platform

类别 Category	实践教学名称 Practical Teaching Name	学分 Crs.	周数 Total Period	学时类型 Type of Period		各学期周学时分配 Division of Class-hour in Every Week of Each Term								地点 Place
				实验 Exp.	实习 Pra.	一 1st	二 2nd	三 3rd	四 4th	五 5th	六 6th	七 7th	八 8th	
教学实践 Teaching Practice	社会实践 Social Practice	假期社会调查Ⅰ Social Survey in Holidays Ⅰ	1	1W					1W						生源所在地
		假期社会调查Ⅱ Social Survey in Holidays Ⅱ	1	1W							1W				生源所在地
		假期社会调查Ⅲ Social Survey in Holidays Ⅲ	1	1W									1W		生源所在地
	课程设计 Project Design														
	小计 Preliminary		3	3W					1W		1W		1W		

续表

类别 Category	实践教学名称 Practical Teaching Name	学分 Crs.	周数 Total Period	学时类型 Type of Period		各学期周学时分配 Division of Class-hour in Every Week of Each Term								地点 Place
				实验 Exp.	实习 Pra.	一 1st	二 2nd	三 3rd	四 4th	五 5th	六 6th	七 7th	八 8th	
教学实习 Practice Teaching	行政管理教学实习 Public Administration Practice Teaching	1	1W						1W					
	基层政府管理教学实习 Local Government Practice Teaching	1	2W								2W			
毕业实习 Graduation Practice	毕业实习 Graduation Practice	4											5W	
毕业论文 Graduation Project	毕业论文 Graduation Project	6											6W	
小计 Amount		12						2W	1W	2W	2W	2W	11W	

续表

类别 Category	实践教学名称 Practical Teaching Name	学分 Crs.	周数 Total Period	学时类型 Type of Period		各学期周学时分配 Division of Class-hour in Every Week of Each Term								地点 Place
				实验 Exp.	实习 Pra.	一 1st	二 2nd	三 3rd	四 4th	五 5th	六 6th	七 7th	八 8th	
小计 Preliminary		学分 Credit 15							学时 Period 20W					
创新学分 Innovation Credit		5学分 Credit 5												
总计 Amount		学分 Credits 20							学时 Period 20W					

附录二

西部行政管理卓越班班级建设方案

为了进一步加强班级建设，营造和谐班级气氛，打造优良班风，充分发挥班级建设在学风、校风建设中的积极作用，促进班级学生健康成长成材，2017级行政管理卓越班结合学院和班级的实际情况，特制定以下班级建设方案。

一、指导思想

行政管理卓越班遵循"以人为本"的工作思路，充分发挥班级学生自我教育、自我管理、自我服务的能力，坚持教育与自我教育相结合、他律与自律相结合、班级进步与个人进步相结合的原则，大力加强班级建设，创建班级优良学风、班风，进而促进班级学生的全面发展。

二、班级建设目标

1. 建设一个"环境高雅、举止文明、学风浓厚、品德高尚，团结奋进，和谐健康"的班级。
2. 品行端正，学习优良，特长鲜明，成绩突出。
3. 学会学习、学会负责、学会合作、学会助人为乐。
4. 立足班级建设，参与学校建设，尝试社会建设。
5. 潜心打造"立志、惜时、博学、多思"良好的学风。
6. 牢固树立正确的价值取向和人生观。

三、班级建设原则

1. 民主性原则。班集体建设贯彻民主性原则，既能团结全班学生群策群力投身于班集体建设中，又能通过民主生活，增强学生的民主观念，培养学生的民主意识。让大家真正体会到自己是班级的主人，搞好班集体建设是学生自己的事情，有一份责任感与荣誉感。

2. 自主性原则。学生是建设班集体的主人。充分体现学生的自主性，班集体建设才有可能获得成功。因此，在建设班集体中能不能体现学生的自主性，是衡量班级是否已经建设成为优秀集体的根本标志之一；落实自主性的有效途径是实行班级自主化管理，做到人人有岗位、人人有义务搞好班集体建设。

3. 个性发展原则。创建优秀班集体的目的是全面发展学生的个性，提高所有学生的整体素质，培养学生奋发上进、不怕困难的精神。因此，班集体建设过程中的操作程序、建设目标都要围绕发展学生的个性、激发学生个性发展的需求和动机来展开，从而促进学生个性的发展。只有学生个性充分发展，才能形成优秀班集体。

四、班级建设具体措施

（一）班级思想建设

1. 定期开展主题讨论活动。以马克思列宁主义、毛泽东思想、邓小平理论、"三个代表"重要思想、科学发展观及习近平新时代中国特色社会主义思想作为自己的行动指南，开展理论学习和实践体会活动，主要包括班会召开情况、团组织生活会召开情况、党员发挥作用情况等方面。

2. 在班级中长期开展评选"学习标兵""守纪标兵""全勤学生"活动。开展个人之间，小组之间的"学习竞争"活动，定期开展评选"最称职的值周班长""文明宿舍""最优秀的团队（小组）"活动。

3. 结合重大节日、纪念日，开展班级主题活动。

（二）班级制度建设

1. 班干部联系制度。

2. 班级主题班会制度。组织班会做到效率高、效果好，改变枯燥的形式主义，以探讨、商议、投票等方法将班会开展做到同学们愿意听、愿意做，其次班会活动通过学习小组进行轮流主持策划，锻炼每个同学的组织能力。除了固定的班会内容，小组可根据本组的优势开展不同主题的班会，形式可以多样，也可增加游戏环节来提高班会的效率。

3. 班级活动组织制度。根据同学们的兴趣爱好，成立兴趣小组，由擅长的同学带头，感兴趣的同学报名，成立不同种类的兴趣小组，如篮球小组、舞蹈小组、音乐小组、绘画小组。小组成立后可以根据同学们的意愿，课余时间进行发展，再由班干部根据小组发展情况，联系班级整体或年级进行表演或比赛。兴趣小组各组之间定期进行成员互换交流学习，体验不同的兴趣爱好。

4. 班级互学互助制度。把全班同学根据学习情况进行小组划分，以五人为一组，划分为七组，每组中安排一名班干部、两名学习成绩优秀的同学，通过小组中成绩优异的同学来带动基础薄弱的同学。小组之间进行评比，如评比专业课作业完成率、上课回答问题情况、上自习时间等。对成绩优秀的小组进行奖励。

(三) 学风好（班级学风建设）

1. 加强班级课堂管理。由班干部轮流每天考察签到，督促同学们按时签到，严查代签。

2. 考察学习进度。根据学习小组的完成情况，定期检查同学课本，在班级群中定时上传复习资料，每位同学看过后对复习资料中的某个问题进行回答，报告给学习委员，学习委员根据回答问题的情况将部分同学未完成的知识回馈给学习小组和本人，再由本人和学习小组进行复习巩固。

3. 自习奖励政策：在课余时间和周末，鼓励同学们去图书馆自习，去自习的同学通过拍照片来证明在自习，对于去自习多的同学进行奖励，如免早签3天。

4. 重点帮扶政策：对于班中基础薄弱的个别同学加强考勤和作业检查，固定时间自习和完成课外作业。班干部和专业课老师进行沟通，对专业课知识划分重点。杜绝作弊。

5. 书籍阅览，每学期至少读10本书，学习不同知识，丰富知识储备，提高人文素养。

6. 参加学术会议、讲座或其他学习活动，参观优秀作品展览，与优秀毕业生交流学习。

7. 参加各种级别的竞赛，从德智体美全方面发展，积极参加国家级、省级、校级比赛。

(四)凝聚力强（班级文化建设）

1. 网络舆论管理：不迷恋网络，合理使用网络资源。在班级群聊中能按时准确通知各项工作，同学们要积极参与、高度配合。

2. 积极参加校、院组织的各项活动，每位同学都参与到不同活动中，挑战自己，为班集体争取荣誉。

3. 形成团结奋发的氛围。在班级中形成团结友爱、齐心协力的氛围，做到拧成一股绳，形成合力。每个同学将自身优势最大限度地发挥，各尽其能，发挥所长，克服自己的劣势，为班集体贡献自己的力量。

4. 爱惜班集体的名誉，树立良好班集体形象。

5. 良好的班集体形象能增强同学们的归属感和集体的荣誉感。首先，要注重班级形象宣传，每开展一次重大的活动，如校运动会或文艺汇演，都要精心准备，争取以优秀的表现为全校师生汇报演出。其次，大力提倡"人人为班级争光"，在班会上批评那些有损班级名誉的事情，更注重奖励为班级争光的同学。

(五)成绩高（班级素质建设）

1. 平均成绩提高：期末综合测评时，班级中每位同学都有所进步，在专业课学习上都达到较好成绩。

2. 挂科率减少：通过自主学习、互助学习后减少挂科率，争取做到全班零挂科。

3. 四六级通过率提高：鼓励同学们早日报考英语四六级，督促同学们学习英语，针对四级考试组织同学们进行复习和学习，提高班级整体通过率。

4. 年级比赛中获奖：班级整体和个人积极响应年级、学院、学校比赛，形成主动热情的参赛氛围，加强同学们综合素质的提升。

5. 考取资格证书：鼓励同学们考取英语、计算机、会计等资格证书，形成毕业竞争优势。

6. 社会实践：丰富社会实践活动的内容与形式，注重实效，成果显著。广大同学通过深入企业、农村等，采用现场服务、问卷调查、参与劳动等多种方式完成社会实践。

7. 体育赛事：为了增强学生体育锻炼的意识，丰富活跃校园文化生活，提倡健康生活方式，推动班级运动水平的提升。通过拔河、迎面接力、跳长绳比赛，发扬团队精神，增强组织凝聚力，为广大同学搭建一个相互交流与学习的平台。

班级指标如下表所示。

班级指标

一级指标	二级指标	三级指标	细则
班级日常管理（30分）	宿舍情况（10分）	宿舍卫生情况（5分）	由生活部、班干部评价
		宿舍文化情况（5分）	由生活部、班干部评价
	班级管理制度（10分）	班级干部分工明确、认真负责（5分）	分工明确5分，反之0分
		定期召开班会、班委会（5分）	两星期一次5分 一个月一次3分 超过一个月一次0分
	出勤率（10分）	课堂出勤率（5分）	每节课都到5分 未到三次以上0分
		班级活动出勤率（5分）	每次活动都到5分 未参加三次以上0分
思想政治建设（30分）	团支部建设情况（16分）	定期开展向共青团学习的活动（8分）	0～2次2分 3～5次4分 5次以上8分
		党课出勤率（8分）	出勤率×8
	志愿活动（14分）	班级注册参加志愿活动或社团志愿活动（8分）	注册率×8
		以班级为单位参加志愿活动（6分）	0～2次2分 3～5次4分 5次以上6分
班风学风建设（40分）	班风（20分）	班规、班歌、班徽的制定（10分）	根据每项班级文化评价
		形成在学习上互帮互助，生活中团结友爱的氛围（10分）	由辅导员，各任课老师评价
	学分（20分）	班级期末成绩优异10分	班级全科通过率×10
		平时上交作业情况良好（10分）	由任课老师评价

附录三

中南民族大学行政管理专业教学方法创新的典型案例

一、课程改革典型案例一：行政管理专业 SPSS 操作技能大赛

2015 年 12 月 8 日，2013 级行政管理专业一堂别开生面的公共管理定量分析课程在 15 栋教学楼 120 室如期进行，这是一场继上次研究设计大赛后对学生团队的研究项目数据进行收集、整理的 SPSS 操作技能大赛。

此次大赛由行政管理专业 100 余位同学全体参与，分为实验班和行管大班两场，由公共管理学院苏祖勤教授、方付建副教授及胡新丽副教授担任评委。此次大赛以团队的形式进行，其出场顺序及相应操作题目皆为比赛即将进行时抽签随机产生。每个团队随机从 SPSS 操作题库中抽题，然后从团队中随机抽取的一位同学操作，另一位同学对相应步骤及结果进行详细讲解。每个操作题目分为三个部分，第一、二部分为给定相应数据并按照假设检验、相关分析、回归分析等要求进行操作，第三部分是对本团队的项目数据进行信效度分析、基本统计描述、相关或回归分析。评委将根据小组的操作熟练与正确程度、讲解详细与正确程度、数据分析是否深入、语言表达能力等方面进行综合打分。最终，刘巧兰所在小组以领先成绩荣获一等奖，冉鹏程所在小组获得二等奖，姚沈宝所在小组获得三等奖，陆婷及李妹所在小组皆获优秀奖。

在比赛最后，方付健及胡新丽老师对大赛中各团队操作和讲解情况做了简要点评，充分肯定了同学们 SPSS 软件操作的熟练性，同时在操作细节及讲解的准确性方面提出了宝贵意见，老师们更对小组数据信息的深入挖掘形成论文而发表提出深切希望。本次大赛不仅是学生 SPSS 软件操作技能掌握情况的一次检验，更是增强行政管理专业素养的一次实践。

二、课程改革典型案例二:"公共管理定量分析方法"

"公共管理定量分析方法"课程属于公共管理学院行政管理专业开设的专业必修课,课程为2.5学分,总学时44学时,理论课程32学时,实践课程12学时。课程开设于第五学期。本课程围绕公共管理研究的理论、方法和程序,从方法论、研究手段和具体研究方法等不同层面,系统阐述了公共管理研究命题、研究设计、研究文献、研究资料收集、定量分析方法等内容。本课程引用了大量的研究案例,并以SPSS统计软件包为工具,深入细致地介绍其在公共管理研究中的操作方法。

(一)教学对象与课程目标

1. 教学对象

本次立项课程"公共管理定量分析方法"的教学对象为2014级行政管理专业学生,由3个班构成,学生人数为101人,分两个课堂进行教学。

2. 课程目标

"公共管理定量分析方法"的课程目标是增强行政管理专业学生对公共管理定量分析方法的研究设计和操作。通过本课程的学习,学生能够掌握研究过程中所使用到的基本术语和基本技能,能够对他人的研究进行评估,能独立完成小型研究项目的研究设计,能够掌握SPSS软件的操作。

（二）课程考核方式改革

行政管理专业的实践性、应用性强，通过考试考评改革，促进学生平时注意强化能力学习与锻炼。考试考评改革主要措施如下。

1. 课程考核形式

主要包括出勤（10%）＋研究设计大赛（20%）＋SPSS操作大赛（20%）＋期末考试（50%）。考核表如下表所示。

考核表

考核名称	考核时间	考核方式	考核标准
公共管理定量分析方法研究设计大赛	第八周	以小组方式展示和考核	从展示形式、研究设计和课件三个方面进行考核。主要标准为研究设计内容完整性、合理性和可行性，即提出的问题是否新颖、是否有价值、是否可操作
公共管理定量分析方法SPSS操作大赛	第十六周	以小组方式展示和考核	操作的熟练程度、正确性；讲解的熟练程度、全面性、正确性等
期末考试（将研究设计＋操作大赛有机结合）	第十七周	闭卷考试	课程为必修课，闭卷将公共管理定量分析的理论知识、研究设计和操作结果理解进行书面考核

2. 操作性技能考核

行政管理专业是一个实践性、应用性较强的专业，为了增强学生对公共管理研究方法的学习，本课程以项目的形式进行小组合作，首先以研究设计七要素即"研究目的、研究问题、研究变量、研究假设、分析单元、时间维度、分析方法"为出发点，结合精美的PPT对自己团队的研究设计进行讲解，参与研究设计大赛，评委由老师和学生共同组成。在研究设计大赛结束后，各个小组根据研究设计的内容进行问卷设计、问卷调查及问卷回收和数据录入。将录入的数据应用SPSS进行操作，并验证前面研究设计中的研究假设，得出有意思的结论。第十六周的SPSS操作大赛有十套操作题库，其中第一题是学生在课堂和实验室中操作的描述统计、假设检验、方差分析、相关分析和回归分析等内容，第二题则为小组自己项目课题的操作和演练。通过这些操作性、技能性考核，增强了学生研究设计和具体操作的技能，提高了学生的学习积极性。

（三）教学改革的注意事项

（1）在专业知识学习的过程中，提高行政管理专业学生的办文办会办事能力。研究设计大赛和 SPSS 操作技能大赛的策划、组织、分工等一系列工作，由学生在老师的指导自主完成。两次大赛的组织环节都井井有条，显示了学生的组织和沟通能力。在两次大赛的现场，通过拍照和撰写课程报道等工作，锻炼了学生的办文能力。

（2）在课程评审中，研究设计侧重于要求每个团队在市内某个地点、某个部门展开调研，收集实地的资料、数据、案例，并做好调研的记录、拍照等工作，同时还需要展示小组在一起讨论的照片，在具体评审时主要考虑提出的问题是否新颖，针对该问题提出的对策建议是否有价值，特别是对策是否可操作。

（3）在两次大赛的准备中，为了调动每位学生的参与度，每个小组事先都不确定由谁发言，发言的小组顺序在大赛前一天抽签确定，而每个小组发言的同学在大赛前5分钟抽签确定。这就有效避免了"搭便车"现象，让每位同学积极参与到小组项目的研究设计和具体操作中。

（四）教学改革特点及教学效果分析

1. 提升了学生的调查研究能力

此次课程要求小组团队在具体项目基础上进行实地调查，再进行汇报。因此，团队拟定了调研提纲、小型调研问卷等，走向各个具体的地方、单位和部门，并结合对具体的地方、单位和部门的调研，提炼数据并运用软件进行分析，得出结论。

2. 引导学生理论与实践结合

通过各个团队的项目调查以及资料整理，每个团队进行了调查图片、分析数据等的收集工作，这为公共管理定量分析方法这门课程获得丰富的课程资料。同时，不同团队针对项目存在的问题分析数据，并找出对策建议，有利于启发学生思维，让学生理论与实践更好结合。

3. 提高了学生软件操作技能

在团队研究设计的基础上，本课程通过团队合作，进一步让学生从调查问卷设计、数据录入、数据描述统计等入手进行分析，培养学生小组的团队协作能力，同时进一步增强学生软件操作技能。

（五）改革策略可推广性分析

本课程通过设置清晰的目标，让学生学会从研究问题、研究变量等方面撰写研究设计，并在研究设计的基础上熟练操作 SPSS 软件。在明确目标后，课程主要围绕研究设计和研究软件操作这两块核心内容，进行教学和考核。在组织两次大赛的考核中，学生团队进行了组织和汇报或操作评比，有效增强了团队协作能力，让学生的动手操作能力更强。总体而言，该考核方式有推广的价值，在推广过程中，要考虑课程的教学目标，围绕教学目标来设置相应的考核内容，同时在组织环节充分发挥学生的积极性和能动性。

(六) 存在的不足

1. 学生社会调查意识与能力还有待加强

从学生各个团队的实地调研和汇报情况看，不同团队的质量差异比较大，这源于学生社会调查意识与能力存在差异。有些团队只是满足于在网络和报刊上寻找资料，没有进行实地调查；此外，虽然有些团队进行了实地调查，但当被拒绝后，团队成员就放弃了对该单位或部门的调查。

2. 部分学生畏惧实践操作的问题

本课程最后的 SPSS 操作大赛，改变以往每个人必须参加的局面，采取自愿报名的形式。两个班共 99 人，最终 64 人参加了大赛，其他 35 人主要承担拍照、组织、主持等工作。在咨询 35 位没有报名的同学时，得知其担心自己操作不好或对操作的结果不能熟练讲解，有些畏惧实践操作，所以没有报名。

3. 考核形式与学校政策一致的问题

本课程为专业必修课，在课程设置环节，教师希望能通过理论知识与实际操作相结合，让学生能真正走出去调研。但是传统课堂一般在教室，将理论课堂转换为大量实践调研，这与课堂管理和相关政策不一致。另外，本课程希望能通过研究设计大赛和 SPSS 操作大赛直接以此作为期末考试，但因为是必修课，必须闭卷考试，而导致考核形式无法多元和灵活，存在重复考核，导致学生感觉学分难拿、压力较大等问题。

三、课程改革典型案例三：决策理论与方法课程经验总结

决策理论与方法作为专业课受到胡新丽老师和同学们的高度重视。而为了将

这门课的教学效率和效果提升，在结合老师自己的多年教学经验和同学们的意见后采用了不一样的教学方法，也得到了很不错的成效。现将经验总结做如下介绍。

（一）多样决策活动的开展

在学期开始时，将班级同学分成 8 个小组，列出八个不同的决策活动，分别为：班级事务决策，高校自习室座位管理决策，男女婚恋决策，模拟学校常委会决策过程，就业决策，运用 SOWT 法进行一项决策，运用德尔菲法进行一项决策，以及环境治理决策。每个小组负责一次活动的组织、策划和展示。鼓励形式创新与多样化。其间，同学们和老师有了充分的交流，对每一板块的学习要求有了更深层次的理解，同时也大大提高了同学们上课的积极性。

（二）游戏教学

团队游戏——月球求生记：假如你是一位宇航员，在太空遇到紧急情况，不能成功降落在太空母舰上。而此时你只有 15 种物品可以选择，请按重要性对其进行排序取舍。在这次课上，同学们思维活跃并且积极参与配合，都各自确定了物品的顺序。这种采用课堂游戏教学的方式，能够活跃气氛，很好地将理论知识与实践结合，具有较高的启发性、可理解性和深刻性。

（三）无领导小组讨论

案例：现在发生海难，一游艇上有 8 名游客等待救援，分别是将军、外科医生、大学生、大学教授、运动员、经理人、小学校长和中学教师。但是现在直升机每次只能够救一个人。游艇已坏，不停漏水。现在要将 8 名游客按救援先后进行排序。无领导小组讨论是一种比较新和比较有效的教学方法，能够在短时间内充分挖掘学生的内在潜能，在有限的时间产生无限的可能性。

（四）案例教学

学生主导、教师合作辅导进行案例分析。分别对北京地铁调价、武汉交通拥堵治理、雾霾治理及有关应急决策的案例进行分析。学生以对当前的热门话题的了解为基础，和老师进行交流，结合书本知识，对实际决策问题进行剖析。让同学们了解怎样将书本知识运用到实际生活中，公共部门又是如何考量各方面的因素，对公共事务做出科学决策的。

（五）决策核心成员的建立与交流

建立班级核心团队，采取自愿报名方式进入，其作为老师和同学的中介，起着重要作用。它是同学和老师双向沟通的介质,老师的任务和教学计划借此能够快速有效地传达至各个同学,同学们的学习困难和建议也能够迅速反映给老师。班级核心团队的成员分别负责教学的不同板块,有效配合老师开展教学的各种活动,也能充分帮助同学们完成每个阶段的展示。班级核心团队的建立,是本门课的一次创新,受到了老师和同学们的欢迎和好评。

(六)考试与考察结合

对学生的综合评定采用考试和考察相结合的方法。进行期中考试,并对学生的试卷进行批改和讲解,让学生知道自己的学习在哪些方面存在不足需要改进。同时,也是对教学效果的一次检验。对学生的每次展示和课堂表现进行互评,综合各方面对每位学生进行客观评价。

四、课程改革典型案例四：政学结合、本硕联动——行政管理专业开设特色实验课堂

2015年4月16日下午2点10分，5栋教学楼300实验室，胡新丽老师主讲的2012级行政管理专业电子政务特色实验课堂正式开始。本次特色实验课邀请到我院2013级公共管理硕士（MPA）宋剑、徐昊两位同学来到课堂。两位同学既是我校在读的专业硕士，同时还是在政府一线工作的具有丰富实践经验的公务人员。宋剑任襄阳市信息中心主任，徐昊任湖北省机构编制委员会办公室主任科员。这是我校行政管理专业继"特邀教师进课堂"后，试图"政学结合、本硕联动"，打造行政管理专业特色实践课堂的再次创新。两位同学用十几年在实践部门的丰富经验和对公共管理的真知灼见，为2012级行政管理专业本科学生上了一堂开拓思维、增长见识、别具风味的特色实验课。

宋剑同学严谨地从思想理念、建设方式、管理模式、政府网站形式与内容四个方面剖析了国内政府网站建设的发展与不足，并以襄阳市政府网站10多年的建设过程诠释了政府网站的建设成就及其未来发展趋势。同时，他从电子政务的角度阐发了对政府整个行政改革趋势的见解，提供了全新的思维去审视电子政务、政府改革。

徐昊同学以幽默风趣的授课方式分析了政府行政机构和企事业单位的职能、编制等一系列问题，他还通过自己13年来从乡镇基层工作一直到中央工作的经验讲述了他对机构改革、行政管理的思考与认识，引导本科学生对行政管理专业及政府改革、社会发展进行深入思考。

2012级行政管理专业本科同学普遍表示，此次特色实验课堂受益匪浅，既加深了对政府工作的理解，也为自己在校期间的专业学习指明了方向。宋剑和徐昊同学也表示，尽管有丰富的政府部门实践工作经验，但走上本科生讲台做一次完整的报告还是第一次,此次活动对他们而言也是一次增长才干的难得机遇。行政管理专业全体老师表示,将加大本专业特色实验课堂建设力度,MPA 同学将自身的实践经验带进本科生特色实验课堂将成为常态。

五、课程改革典型案例五:行政管理专业电子政务课程系列活动

电子政务这门课作为行政管理专业的必修课,为了提高学生的办文办会办事能力,增强学生的团队创新和协作意识,电子政务课程在胡新丽老师和学生们的共同努力下,采用情景模拟、小品话剧、辩论赛、案例教学等多种方式,让学生寓教于乐,在创新和教学中学到丰富的知识。

课程每两周有一次团队活动,分别为生活中的电子政务、电子政务对政府部门会产生什么影响?促进?还是 IT 黑洞?如果你是你的家乡城市的 CIO,你会如何发展电子政府?选取你家乡或你感兴趣的城市的政府网站,并从信息公开、公民参与和公共服务三个方面进行分析。选取一个国内外的电子政务案例进行讨论。以下是各个小组的活动记录。

(一)第一组活动

1. 活动介绍

本小组成员原定以歌舞剧的形式展示主题:"What will you do if you are the CIO in your hometown?"在表演前一日讨论、确定过程中,同学们认为可以社交类节目作为媒介展示主题,且难度系数较歌舞剧而言要小。因此同学们立刻重新分工,开启新活动的准备工作。

2. 活动展示阶段

本组通过表演一个节目(非诚勿扰:CIO 专场)录制的过程,展示了作为 CIO 应该具备的素质以及应该掌握哪些层面的知识和技能。本次展示节目表演过程风趣幽默,道具准备充分,主持人收放自如,来自三个屯的女性 CIO 装扮活泼有趣。虽然在内容上没有创新,但是本组表演方式比较新颖独特,且 PPT 制作方面精美活泼,运用了多种多媒体展示(还有小视频)。节目效果模拟原节目较好,且赢得了同学们的好评。其他组的同学对本组的节目也表现出极大的兴趣,同学们也进行了热烈的讨论。因此,本组在完成节目表演后,申请了最佳创意奖。

3. 活动总结

本组节目创新力比较好,但是选择的节目可能有所偏差,导致同学们的误解。部分同学以为本组通过征婚配对的方式展示主题,而实际上通过人物的对话展示了主题。因此,本组需要改进的地方是可以选择其他类型的节目,如招聘类节目代替原相亲节目。

本组同学非常荣幸能获得"最佳创意奖",这离不开本组同学的团结一致、积极创新。在电子政务课堂上,我们学会的不仅仅是电子政务方面的有关知识,更多的是敢于在课堂上发言,表达自己的观点,以及吸取他人观点,听取他人意见。课堂形成的良好教学氛围给予本小组莫大的帮助。

(二)第二组活动 网上公务员考试报名的便捷

1. 展示形式

模拟情景剧和展示 PPT。

2. 主要内容

先介绍传统的公务员考试报名方式。传统的公务员考试报名方式是去相关办事处进行人工现场报名,在情景剧中体现了传统方式的低效率和不便捷。

再通过现场实际操作公务员考试网上报名的流程来体现此报名方式的便利,从而以小见大地说明政府网站可以提高工作效率,更好地为人民服务。

最后进行总结,主要通过考试报名方式的今昔对比来突显活动主题。

3. 具体展示

场景一：工作人员（庹小娟饰）向报考人员（申应城饰）递上考试承诺书要求其仔细阅读后签字，报考人员在看到纸上密密麻麻的汉字和工作人员慢条斯理的动作，脸上尽显焦虑。

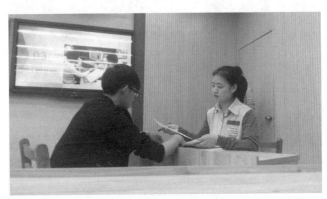

场景二：工作人员（庹小娟饰）再次向报考人员（申应城饰）递上考试报名表并要求其逐项填写，报考人员因为赶时间在极度匆忙的状态下开始不耐烦填起申请表。

场景三：报考人员在复印完身份证以后回来得知工作人员正准备下班，并且不再受理刚刚自己中断了的报考申请，让自己第二天再继续，于是气愤得从板凳上跳起来和工作人员争论。

4. 活动总结

通过生动形象的话剧表演，以对比的形式，展现了政府将网站当作载体，简化群众的办事程序，极大地方便了群众，使服务效率明显提升，体现了新时期建设"便民高效的服务型政府"的时代要求。

以参加公务员报名考试作为切口，反映出互联网信息技术的高效、便捷。新形势下，如何以互联网信息技术作为载体服务群众也成为一个值得探究的命题，以小博大，反映出未来政府转型的发展方向，比较具有代表性和前瞻性。

在"管理型政府"向"服务型政府"的转型过程中，不仅仅是理念要改变，办事的方式也要转变。因此，"效率"将成为衡量政府工作的一个重要标准。

（三）第三组活动

What's the E-government in the future?

1. 活动准备

本小组成员在一个星期前就主题"What will you do if you are the CIO in your hometown?"进行了讨论，通过讨论确定了这次展示的是以"一对年轻情侣办理结婚证"为背景展开的一系列活动，在这些活动中体现未来电子政务的状况。在接下来的一周里先设计了每个人的台词，有对手戏的成员彼此进行了沟通，串了多次场景。在展示的前一天晚上，大家整体进行了将近一个小时的排练，对整个表演大家都胸有成竹。

2. 活动展示阶段

通过一对小情侣进行结婚证办理的过程，展现了未来电子政务的状况：居民办证不需要出户，政府各部门间也已经进行了很好的沟通合并，即使公民的要求多样，也能很快处理并做出反馈。而且那时的办公已经通过互联网系统自动办理，大大节省了人力资源，同时也提高了办事效率。

3. 活动总结

本组展示总体来说比较切题，创意比较好。在展示过程中，小情侣的角色设定和互动为本小组的表演增色了不少，在为大家带来欢笑的同时，也让大家了解了我们对未来电子政务的创想，效果总体来说很好。

本组非常荣幸能获得"最佳组织奖"，这离不开本组成员的认真付出和积极参与。通过这次活动，我们不仅仅学会了电子政务的有关知识，更多的是敢于在课堂上发言，表达自己的观点，以及吸取他人观点，听取他人意见，也让我们学会了组之间的交流配合能力。

2016年5月12日，行政管理实验班于5栋410室开展电子政务课程小活动总结比赛评奖会。胡新丽老师在场指导，2013级行政管理实验班全体同学参与。

首先，主持人冉鹏程介绍活动评分标准、小组展示顺序、注意事项并宣布活动开始。然后，每个小组淋漓尽致地进行展示，包括：钟乐君同学代表第一组以通顺流利的语言做了介绍，王瑞焱同学代表第二组以流利的英语讲解小组工作，普戡倪同学代表第三组借用简洁的PPT进行了总结，于辉同学代表第四组进行了团队介绍、主题展示、自我评价等，刘巧兰同学代表第五组介绍了活动主题、小品特色、活动反思等。

六、课程改革典型案例六：注重实践能力培养的课堂教学方法改革探索——以"城市管理学"为例

"城市管理学"课程属于公共管理学院行政管理专业开设的专业选修课，课程为2学分，32学时。课程开设于第六学期。

（一）教学对象与课程目标

1. 教学对象

本次立项课程"城市管理学"的教学对象为2013级行政管理专业普通班学生（大三学生），由两个建制班合班教学，学生人数超过60人。

2. 课程目标

"城市管理学"的课程目标是增强行政管理专业学生对城市管理的历程、理论的认识，增强对当前城市化进程中城市管理存在的问题和矛盾的认识，以储备进行城市管理所需要的理念、思维、方法与技能，提升在城市各级各类管理部门的就业能力。

（二）课程教学改革方案设计

1. 课程教学改革命名

"城市管理学"课程学生操作环节：
第一届"我为武汉城市管理建言献策"调研与汇报比赛。

2. 课程教学改革操作方式

（1）分成10个专题团队，每个团队选取一个专题（选题不要重复），在武汉市展开调研；

（2）专题选定后，团队成员分头或集中围绕专题中某个问题或方面，在武汉市展开调研；

（3）团队成员围绕感兴趣的问题，分头汇集调研成果，做成PPT，在课堂展示汇报，并评选出各团队中的最优者，此为初赛；

（4）每个团队中的最优者整合本团队的成果，形成一个新的汇报成果，10个团队的优胜者展开竞赛，此为复赛，评出一、二、三等奖和优秀奖，发放奖品和奖状；

（5）为了确保针对武汉市某个专题中的某个问题展开实地调查，对每个团队提供200元调研经费，发给各队长，在团队内安排使用；

（6）每个专题的调查地点在武汉市内，分析武汉市某个方面的现状、问题，并提出针对性的对策建议，不求面面俱到，不求大而全，可只分析一个小问题，提出一个小对策。

3. 课程教学改革的注意事项

（1）一定要围绕武汉市城市管理中某个具体问题，甚至可以是很小的问题，在分析问题后提出针对性的对策建议；

（2）在初赛环节，团队内每个成员围绕一个专题，选取专题中的不同问题展开汇报，切忌雷同，每个队员发言时间10分钟，某个团队汇报时，另选一个团队作为评分组；

（3）评审的主要原则为，提出的问题是否新颖，针对该问题提出的对策建议是否有价值，特别是对策是否可操作；

（4）力求在武汉市某个地点、某个部门展开调研，收集实地的资料、数据、案例，并做好调研的记录、拍照等工作。

（三）课程教学改革的具体操作方案

课程教学改革的具体操作方案如下表所示。

课程教学改革的具体操作方案

周次	课次	授课内容	学时	课堂组织形式与考核
1	3—4	城市	2	讲授
2	3—4	城市化	2	讲授
3	3—4	城市管理体制	2	讲授
4	3—4	城市土地管理：用地规模控制、土地财政、耕地保护、土地功能管理、城市地下管理等	2	学生调研汇报与评比
5	3—4	城市住房管理：廉租房、公租房、经济适用房、限价房、棚户区改造、住房购买落户政策等	2	学生调研汇报与评比
6	3—4	城市基础设施管理：地下水气电油管网状况、综合管廊建设、防灾防疫设施布局等	2	学生调研汇报与评比
7	3—4	城市社区管理：社区矛盾纠纷、社区广场舞、社区停车位、社区乱搭乱建、老旧社区改造等	2	学生调研汇报与评比

续表

周次	课次	授课内容	学时	课堂组织形式与考核
8	3—4	城市交通管理：交通拥堵、定制公交、公交专用道、公共自行车、交通限行、汽车限购等	2	学生调研汇报与评比
9	3—4	城市环境管理：湖泊萎缩污染、废水废气废渣处理、城市热岛、大气治理、环保设施建设等	2	学生调研汇报与评比
10	3—4	城市人口管理：外来人口落户、非户籍人口社保医疗等	2	学生调研汇报与评比
11	3—4	城市文化管理：城市形象、城市品牌、城市名片、城市口号、城市文明创建、城市文化设施等	2	学生调研汇报与评比
12	3—4	城市公共安全管理：突发火灾、突发水灾、突发踩踏、城市暴恐、城市设施爆炸、非正常伤亡等	2	学生调研汇报与评比
13	3—4	城市管理信息化：社区网格化、智慧城市、城市物联网、城市政务信息化、城市交通信息化等	2	学生调研汇报与评比
14	3—4	第一届"我为武汉城市管理建言献策"复赛	2	学生调研汇报与评比
15	3—4	专题调研心得汇报		汇报、交流
16	3—4	总结与辅导	2	讲授、辅导

（四）课程教学改革的成效

1. 提升了学生社会调查能力

由于此次课程要求学生在实地调查的基础上进行汇报，因此，学生必须走向各个具体的地方、单位和部门，并结合具体的地方、单位和部门提炼所要分析的问题。一些团队还拟定了调研提纲、调研问卷等。

2. 让学生更加了解武汉这座城市

从课堂汇报来看，不同的团队分别走访了武汉市民之家、东湖新技术开发区政务服务中心、洪山区环保局、江夏区农业局、光谷广场交通综合体、南湖保障房社区、武汉市图书馆、武汉市展览馆、武昌公交调度站等各类单位、机构或设施，通过团队走访，使得学生更加深入地了解武汉市。

3. 让学生更细致地了解城市管理问题

一些学生在汇报时提出，在接触和调查某个问题之前，根本不清楚该问题在城市管理中如此重要，也不清楚该问题在当前城市中的表现如何。通过此次调查和评比，学生更加深入地了解了城市中的各种问题，并更加深入地了解了城市管理之难，学会了理性分析、辩证认知。

4. 丰富了课程教学资料

通过各个团队的调查以及资料整理，本课程获得了丰富的课程资料，包括调研视频、调查图片、问题分析数据、问题对策建议等，有利于丰富本课程的具体支撑资料。

（五）课程教学改革实施中存在的问题

1. 学生畏惧实践操作课程的问题

本课程原本有70多名学生选课，但在得知本课程要安排具体的实地调研以及汇报后，有十几名学生退选了本课程。这表明一些学生还是习惯了老师讲、学生听的传统模式，不愿意、不善于去实地调查、去动手操作。

2. 学生社会调查意识不强与能力不足的问题

从各个团队的实地调研情况看，虽然学生调研取得了一定的成果，但总体不太理想。一方面，有些团队只是满足于在网络上、报刊上寻找资料，没有进行实地调查；另一方面，虽然有些团队进行了实地调查，但当被拒绝后，团队成员就放弃了对该单位或部门的调查，或在被访单位相互踢皮球后就放弃了调查。总体来看，虽然本课程的教学对象是大三学生，他们已经系统地学习了社会调研方法等课程，但调查能力仍未有效提升。

3. 部分学生不参与团队活动和"搭便车"的问题

虽然在课程设计中，为了防止各个团队中出现"搭便车"的问题，特意设计了各个成员都必须汇报这一要求，但从实施情况看，仍有成员以各种理由没有现场汇报，有一些团队成员在汇报时过于简单，存在敷衍了事的问题。

4. 学生收集、整理和分析资料能力不强的问题

在各团队汇报中，一些团队成员的资料收集、分析、整理能力不足的问题凸显，如满足于在百度百科上寻找粗浅资料，不会从政府网站、学术论文中查找资料；再如满足于将各种资料直接拿到课堂上汇报，浅尝辄止，没有将资料消化吸收，没有真正掌握资料。

5. 课程教学改革未能达到预期目标的问题

总体而言，虽然在课程改革的初步设计中安排了复赛环节，但从实施过程中，由于针对的是行政管理专业普通班成员，同时由于是大三学生，总体上学生的积极性不高，学生深入调查、分析的能力不足，大多数团队在汇报时未能在大量收集资料的基础上提出有价值的观点和建议。同时，一些团队没有实地调查，只是敷衍了事。因此，在实施中，本课程没有将复赛环节付诸实施，同时，扣减了部分团队的调查经费。

（六）改革策略推广的可能性分析

虽然团队成员的汇报成果有些不尽人意，但针对实践性和操作性较强的课程安排实地调研与评比汇报环节，可以有效地让学生动手操作，也有利于学生去针对性地观察一些问题。总体而言，该方式有推广的价值，但在推广过程中，要考虑学生的整体素养，考虑学生的积极性等要素。

七、课程改革典型案例七：公共文秘课也能这么上——行政管理实验班"PPT制作与汇报技能"竞赛侧记

2015年5月25日上午10点，一堂别开生面的公共文秘课在10栋518教室如期进行。这是一堂模拟秘书人员协助领导汇报年度工作的教改实训课，任课教师方堃和特邀嘉宾校网络技术中心沈振兴老师在台下欣赏同学们精彩的情景模拟比赛。

"领导范儿"靠的是口才，"秘书样儿"拼的是公文写作和PPT制作技能。同学们积极报名组成10支"领导-秘书"团队，参加角色扮演和模拟展示。"领导"们汇报起来气场十足，"秘书"们也一丝不苟地配合播放幻灯片。有的代表恩施州政府作报告，有的以电信公司的商战为背景演说，有的虚拟学校职能部门汇报工作……尽管是头一次汇报，同学们还有些许紧张，但饱满的热情感染着每一位聆听者。

方堃老师从总结报告写作的规范、汇报的口头语言及肢体语言规范、公务着装要求等方面对各团队进行了指导；沈振兴老师从PPT制作层面作了点评，提出了PPT动画设计、模板应用、图文搭配、办公软件高级应用等专业性建议。最后，课堂上评选出同学们都认可的优秀团队。

"让学生唱主角，突破单向教学"是教学改革的方向。通过这次训练，同学们在公务礼仪、公文写作、办公自动化、演讲口才等方面都得到了宝贵的实战锻炼，实现了提升行政职业能力的教学目的。课后，同学们都表示大有收获，希望有更多这样的实训活动运用到课堂教学中。

八、课程改革典型案例八：公共管理学院 2012 级行政管理专业创意课堂

由孙冰老师讲授的"大学生就业指导"课，一开始就展现出了孙老师别具特色的教学风格。和其他老师一样，孙老师在第一堂课就向同学们讲明了自己的课堂要求，明确规定了关于作业、请假等考核事项，并因为课堂实践的需要，要求大家分组。但是，和普通的分组不一样的是，每个组的每个成员都有了属于自己的名牌。当然，不是像综艺节目《奔跑吧》里那样贴在背后互撕的名牌，而是"高大上"的名牌。一拿到名牌的同学们，忍不住开始自拍留念，上这么多年的课，终于有这种被重视的感觉。不管你坐在前排后排还是斜对面，不管老师认不认识你，有了名牌，再也不愁学生的名字和人对不上了，课堂互动进行得也更加顺利，大家的积极性也都被带动起来。

不仅如此，孙老师还安排了小组走进招聘会的实践。就在最近一次课上，更准备了学生演绎经典电影里的情节，使整个课堂的气氛更加热烈。这样的课堂，你是否也会期待呢？

九、课程改革典型案例九:该学的时候,别把青春倾注掌上——记手机进课堂宣誓活动

在"低头一族"盛行的校园里,为改善学风,提高教学质量,同时让同学们降低对手机的依赖,能够利用好课堂充实自己,公共管理学院提出了"放下手机,倡导文明课堂"的倡议,并组织开展了关于手机进课堂的系列活动。公共管理学院于2015年4月16日下午4点15分在大学生活动中心一楼举行本次系列活动的宣誓仪式。

本次宣誓仪式由大一、大二年级的各班代表参加。活动一开始,主持人先肯定了手机的好处,接着用一个视频和例子说明了手机在给我们的生活带来便利的同时,也在一定程度上对我们的生活与学习造成了影响。

进行到活动的第二环节,针对现在课堂上众多的"低头族"现象,主持人对此进行了呼吁,希望同学们在课堂上将手机关闭,利用好课堂时间,充分消化吸收老师讲授的内容,能够自觉合理利用新媒体,摆脱高科技工具的束缚,认真研读专业知识。接着,各班代表进行了"从今天起关手机进课堂,解放双手,不做'低头族'的宣誓"。接着,各班代表上台分享了关于近期举行的"手机进课堂"主题班会的感受。在活动末尾,主持人发动到场人员在展板上签名。

本次活动旨在督促在校大学生高效利用课堂,形成良好的学习氛围,提高课堂教学质量,并让同学们通过参与活动,达到自我教育的目的。因此,同学们,不要把青春倾注在掌上,在该学的时候放下手机,在文明课堂中愉快遨游吧!

十、课程改革典型案例十:"Involve me and I learn"——2012 级行政管理专业"比较行政体制"课堂辩论小记

作为行政管理专业的专业必修课,本学期由彭庆军老师主讲的"比较行政体制"课程一改由老师主讲的教学模式,对课堂教学进行多项改革,促进同学们采取"involve me and I learn"课堂学习方式,取得了良好的教学效果。

早在开学第一堂课,彭老师就介绍了课堂教学进程及具体教学改革环节,并结合国内外时事热点及课程内容提前确定第七周课堂教学辩论题目——"中国是否应该学习新加坡模式",但辩论的具体环节及组织工作由同学们自主商量并提供技术支持。经过近一个月的准备,2015 年 4 月 22 日上午,课堂辩论会如期顺利举行。

辩论中正反双方唇枪舌剑,各有胜负,不时引来阵阵掌声。辩论结束后,彭老师以其精彩点评引爆整个课堂。并表示对主持和参与辩论的同学予以奖励,奖品为每人两本书籍。

彭老师在对辩论环节进行精彩点评后,着重对新加坡行政体制进行了相关重要问题的分析并提出了自己的看法。总之,彭老师的课堂教学强调学生参与,但并不把课堂全部交给学生,深受同学们的欢迎。

十一、课程改革典型案例十一：公共部门人力资源管理课程总结

公共管理课程是以公共部门人力资源开发和管理为研究对象的课程，胡新丽老师从我国公共管理的实践出发，结合人力资源管理的基本理论，给同学们讲述了人力资源管理的性质、特征以及管理的基本方法等。

考虑人力资源管理课程的自身应用型较强的特点，以及为了让同学们更好地运用现代化多媒体、激发同学们的学习兴趣，在教学方式上，胡老师采用课堂教学、课堂讨论、案例分析以及情景模拟、实战演练等多种方式进行授课。胡老师在讲述该门课程的基本概念原理、规律和方法之后，着重强调每章的重点和难点。另外，胡老师也不忘联系理论与实际，通过案例分析启迪学生的思维，加深同学们对人力资源管理的理解和接受力度，也培养了学生的自我思考能力、实践能力和创新能力。

不仅如此，为了让学生更了解公共部门的人力资源管理，胡老师还邀请了相关公共部门的嘉宾对同学们开展了讲座，如邀请湖北省委办公厅主任科员熊国兵来到课堂上与同学们交流。嘉宾给同学们讲述了我国公务员制度的发展进程、公务员考试制度，使同学们对公务员的领域不再模糊。通过讲座，同学们对公务员招录的现状，进入公务员队伍的公务员考试、选调生考试和军队转调等方式，公务员的职位特征以及晋升问题等有了更进一步的了解。不仅如此，嘉宾还提了几点实用性建议，给予同学们很大的帮助。嘉宾和同学们进行了比较深刻的交流，使得学生对公共部门人力资源管理有了进一步的了解。

以下是课堂部分留影。

附录三　中南民族大学行政管理专业教学方法创新的典型案例

附录四

中南民族大学学科竞赛级别等次划分目录

序号	学科竞赛项目	最高级别	等次
1	中国"互联网+"大学生创新创业大赛	国家级	A
2	"挑战杯"全国大学生课外学术科技作品竞赛	国家级	A
3	"挑战杯"中国大学生创业计划大赛	国家级	A
4	ACM-ICPC 国际大学生程序设计竞赛	国家级	B
5	全国大学生数学建模竞赛	国家级	B
6	全国大学生电子设计竞赛	国家级	B
7	全国大学生化学实验邀请赛	国家级	B
8	全国大学生广告艺术大赛	国家级	B
9	全国大学生智能汽车竞赛	国家级	B
10	全国大学生电子商务"创新、创意及创业"挑战赛	国家级	B
11	全国大学生节能减排社会实践与科技竞赛	国家级	B
12	全国大学生工程训练综合能力竞赛	国家级	B
13	外研社全国大学生英语系列赛 (英语演讲、英语辩论、英语写作、英语阅读)	国家级	B
14	全国大学生创新创业训练计划年会展示	国家级	B
15	全国大学生化工设计大赛	国家级	B
16	中国大学生计算机设计大赛	国家级	B
17	全国大学生市场调查与分析大赛	国家级	B
18	全国高校数字艺术设计大赛	国家级	B

续表

序号	学科竞赛项目	最高级别	等次
19	"学创杯"全国大学生创业综合模拟大赛	国家级	B
20	全国大学生生命科学竞赛（CULSC）-生命科学竞赛、生命创新创业大赛	国家级	B
21	"华为杯"中国研究生数学建模竞赛	国家级	B
22	全国高等医学院校大学生临床技能竞赛	国家级	C
23	全国大学生机械创新设计大赛	国家级	C
24	全国大学生结构设计大赛	国家级	C
25	全国大学生交通科技大赛	国家级	C
26	全国大学生物流设计大赛	国家级	C
27	全国大学生机器人大赛-RoboMaster、BoboCon、RoboTac	国家级	C
28	"西门子杯"中国智能制造挑战赛	国家级	C
29	全国大学生先进成图技术与产品信息建模创新大赛	国家级	C
30	中国大学生服务外包创新创业大赛	国家级	C
31	两岸新锐设计竞赛·华灿奖	国家级	C
32	中国高校计算机大赛（团体程序设计天梯赛、大数据挑战赛、移动应用创新赛、网络技术挑战赛、人工智能创意赛）	国家级	C
33	世界技能大赛·中国选拔赛	国家级	C
34	中国机器人大赛暨RoboCup机器人世界杯中国赛	国家级	C
35	全国大学生信息安全竞赛	国家级	C
36	全国周培源大学生力学竞赛	国家级	C
37	中国大学生机械工程创新创意大赛-过程装备实践与创新赛、铸造工艺设计赛、材料热处理创新创业赛、起重机创意赛、智能制造大赛	国家级	C
38	"蓝桥杯"全国软件和信息技术专业人才大赛	国家级	C
39	全国大学生金相技能大赛	国家级	C
40	"中国软件杯"大学生软件设计大赛	国家级	C
41	全国大学生光电设计竞赛	国家级	C
42	中美青年创客大赛	国家级	C

续表

序号	学科竞赛项目	最高级别	等次
43	全国大学生地质技能竞赛	国家级	C
44	米兰设计周-中国高校设计学科师生优秀作品展	国家级	C
45	全国大学生集成电路创新创业大赛	国家级	C
46	中国机器人及人工智能大赛	国家级	C
47	全国高校商业精英挑战赛-品牌策划竞赛、会展专业创新创业实践竞赛、国际贸易竞赛、创新创业竞赛	国家级	C
48	中国好创意暨全国数字艺术设计大赛	国家级	C
49	全国三维数字化创新设计大赛	国家级	C
50	"大唐杯"全国大学生移动通信5G技术大赛	国家级	C
51	全国大学生物理实验竞赛	国家级	C
52	全国高校BIM毕业设计创新大赛	国家级	C
53	BoboCom机器人开发者大赛	国家级	C
54	华为ICT大赛	国家级	C
55	全国大学生嵌入式芯片与系统设计竞赛	国家级	C
56	中国高校智能机器人创意大赛	国家级	C
57	"泰迪杯"全国数据挖掘挑战赛	国家级	C
58	iTeach全国大学生数字化教育应用创新大赛	国家级	C
59	微软"创新杯"全球学生大赛	国家级	C
60	ALTERA亚洲创新设计大赛	国家级	C
61	全国大学生软件创新大赛	国家级	C
62	CCPC中国大学生程序设计竞赛	国家级	C
63	全国大学生过程控制仿真挑战赛	国家级	C
64	"欧姆龙杯"自动化控制应用设计大赛	国家级	C
65	中国高校计算机大赛——微信小程序应用开发赛	国家级	C
66	全国计算机仿真大奖赛	国家级	C
67	ASC世界大学生超级计算机竞赛	国家级	C
68	世界机器人大赛机器人格斗大赛	国家级	C
69	中国工程机器人大赛暨国际公开赛	国家级	C

续表

序号	学科竞赛项目	最高级别	等次
70	美国（国际）大学生数学建模竞赛（MCM/ICM）	国家级	C
71	全国大学生统计建模大赛	国家级	C
72	全国高校密码数学挑战赛	国家级	C
73	全国大学生化工实验大赛	国家级	C
74	全国大学生生物医学工程创新设计竞赛	国家级	C
75	全国大学生药苑论坛	国家级	C
76	全国高校市场营销大赛	国家级	C
77	全国高校企业价值创造实战大赛	国家级	C
78	全国科普讲解大赛	国家级	C
79	全国版权征文大赛	国家级	C
80	"理律杯"全国高校模拟法庭竞赛	国家级	C
81	长江钢琴·全国高校钢琴大赛	国家级	C
82	全国青年歌手电视大奖赛	国家级	C
83	"桃李杯"舞蹈大赛	国家级	C
84	全国美术作品展览	国家级	C
85	全国导游大赛	国家级	C
86	高校创新创业创造教育精品成果展决赛	国家级	D
87	"北斗杯"全国青少年科技创新大赛	国家级	D
88	国际机器人世界杯大赛	国家级	D
89	全国机器人锦标赛暨国际仿人机器人奥林匹克大赛	国家级	D
90	全国高校软件定义网络（SDN）应用创新开发大赛	国家级	D
91	"博创杯"全国大学生嵌入式物联网设计大赛	国家级	D
92	全国大学生电子信息实践创新作品竞赛	国家级	D
93	中国大学生高分子材料创新创业大赛	国家级	D
94	全国大学生冶金科技竞赛	国家级	D
95	全国医药院校药学/中药学大学生创新创业实验教学改革大赛	国家级	D
96	国际企业管理挑战赛（GMC）	国家级	D
97	全国大学生数学竞赛	国家级	D

续表

序号	学科竞赛项目	最高级别	等次
98	全国大学生英语竞赛	国家级	D
99	中国日报社"21世纪杯"英语演讲比赛	国家级	D
100	全国口译大赛	国家级	D
101	中国大学生韩语演讲比赛	国家级	D
102	全国高校博物馆优秀讲解案例推介大赛	国家级	D
103	全国大学生大型校园文艺演出	国家级	D
104	全国大学生艺术展演	国家级	D
105	全国高校DV作品大赛	国家级	D
106	环亚杯中日设计交流展	国家级	D
107	CGDA平面设计学院奖	国家级	D
108	全国大学生运动会	国家级	D
109	少数民族体育运动会	国家级	D
110	全国全民健身操舞大赛	国家级	D
111	世界跳绳锦标赛	国家级	D
112	中国大学生跆拳道（竞技）锦标赛	国家级	D
113	全国青少年校园足球联赛	国家级	D
114	中国大学生篮球联赛	国家级	D
115	中国大学生飞镖联赛	国家级	D
116	湖北省大学生优秀科研成果奖	省级	A
117	大学生实验技能暨创新创业大赛	省级	A
118	长江钢琴杯青少年音乐比赛	省级	A
119	"燕园杯"百校百题应用型创新课题大赛	省级	B
120	中国大学生保险责任行寒假社会实践活动	省级	B
121	湖北省大学生新闻传播教育创新实践技能竞赛	省级	B
122	国家民委系统科普讲解大赛	省级	B
123	湖北省科普讲解大赛	省级	B
124	湖北高校税务精英挑战赛	省级	B
125	湖北省大学生物理实验创新设计竞赛	省级	B

续表

序号	学科竞赛项目	最高级别	等次
126	湖北省高等学校大学生生物学实验技能竞赛	省级	B
127	湖北省普通高校大学生化学实验技能竞赛	省级	B
128	湖北省网络空间安全实践能力竞赛	省级	B
129	全国大学生大数据技能竞赛	省级	B
130	全国大学生电工数学建模竞赛	省级	B
131	湖北高校大学生非物质文化遗产传承成果展	省级	B
132	"学院空间"青年美术作品展览	省级	B
133	"楚风杯"大学生书画大赛暨全国大学生樱花笔会	省级	B
134	全国工艺品制作职业技能竞赛	省级	B
135	北京竹笛展演	省级	B
136	湖北金凤杯舞蹈比赛	省级	B
137	"辽源杯"艺术展演活动	省级	B
138	"敦煌杯"艺术菁英展演	省级	B
139	盛世华筝国际古筝音乐节	省级	B
140	全国跳绳锦标赛	省级	B
141	中国大学生健康活力大赛暨中国大学生健身健美锦标赛	省级	B
142	大学生教育信息化创新创业奖	省级	C
143	"安恒杯"全国高校网络信息安全挑战赛	省级	C
144	中青杯全国大学生数学建模	省级	C
145	湖北省大学生化学（化工）学术创新成果报告会	省级	C
146	全国高校学生商业案例分析大赛	省级	C
147	"创光谷杯"湖北大学生金融投资大赛	省级	C
148	湖北省大学生金融知识竞赛	省级	C
149	"中华会计网校杯"全国校园财会大赛	省级	C
150	"致同杯"全国会计技能（会计扑克）挑战赛	省级	C
151	全国应用型本科会计技能竞赛	省级	C
152	湖北省MPAcc学生案例大赛	省级	C
153	武汉市科普讲解大赛	省级	C

续表

序号	学科竞赛项目	最高级别	等次
154	湖北省文博系统"讲好中国故事"推介大赛	省级	C
155	"希望之星"英语风采大赛	省级	C
156	"普译奖"全国大学生英语大赛	省级	C
157	湖北省外语翻译大赛	省级	C
158	中西部翻译大赛	省级	C
159	湖北省大学生日语作文大赛	省级	C
160	湖北省高校美术与艺术设计展	省级	C
161	湖北省大学生文化创意大赛	省级	C
162	湖北省大学生艺术节	省级	C
163	全国大学生少数民族题材影视作品大赛	省级	C
164	全国迪生杯动画大赛	省级	C
165	"东+西"大学生国际海报双年展	省级	C
166	湖北省优秀广告作品评选	省级	C
167	全国高校毕业生服装设计大赛	省级	C
168	湖北省大学生服装设计作品联展	省级	C
169	大学生时装模特邀请赛	省级	C
170	"为中国而设计"全国环境艺术设计大赛	省级	C
171	中国包装创意设计大赛	省级	C
172	湖北省现代陶艺展	省级	C
173	上海青少年钢琴大赛	省级	C
174	中国青少年艺术盛典湖北赛区——古筝	省级	C
175	湖北省古筝艺术活动古筝分级大赛	省级	C
176	湖北省大学生运动会	省级	C
177	民体杯体育比赛	省级	C
178	湖北省大学生排球比赛	省级	C
179	全国大学生红色旅游创意策划大赛	省级	D
180	全国大学生"新道杯"沙盘模拟精英大赛	省级	D
181	"科云杯"全国大学生本科组财会职业能力大赛	省级	D

续表

序号	学科竞赛项目	最高级别	等次
182	全国高等院校数智人力大赛	省级	D
183	"讲好中国故事"创意传播大赛	省级	D
184	"福创杯"新青年小说大赛	省级	D
185	"亿学杯"全国商务英语实践技能大赛	省级	D
186	全国漆艺邀请赛	省级	D
187	CADA 国际概念艺术设计奖	省级	D
188	ITCD AWARD 国际潮流文化设计大赛	省级	D
189	新加坡金沙艺术设计大赛	省级	D
190	莫斯科国立柴可夫斯基音乐学院国际音乐大赛	省级	D
191	"央音"全国青少年艺术展演	省级	D
192	湖南省"灵声杯"竹笛、箫大赛	省级	D
193	"松庭龙吟"全国竹笛邀请赛	省级	D
194	湖北省普通高等学校羽毛球比赛	省级	D
195	湖北省普通高等学校大学生毽球比赛	省级	D
196	湖北省大学生游泳锦标赛	省级	D

附录五

新文科背景下民族院校的卓越计划及基本概况

民族院校排名	学校名称	全国排名	星级排名	办学层次	主管部门	所在地	新文科项目和卓越计划
1	中央民族大学	85	6星级	世界高水平大学（特色）	国家民委	北京	"民族学、社会学、考古学交叉培养复合型人才的创新与实践"等7个新文科项目。开展少数民族卓越法治人才、卓越新闻传播双语人才试点
2	云南民族大学	130	5星级	中国一流大学（特色）	云南省	云南	"网络与新媒体"专业、"社区矫正"专业、"信息安全"专业等试点专业，卓越法治人才、卓越电气信息工程人才、卓越工程师
3	中南民族大学	134	5星级	中国一流大学（特色）	国家民委	湖北	"新文科背景下民族院校公共管理类专业人才培养创新与实践""国际化复合型人才培养实践"等4个新文科项目。少数民族卓越法治人才、西部少数民族卓越行政管理人才
4	西南民族大学	159	4星级	中国高水平大学	国家民委	四川	"新时代民族学人才培养模式的创新实践""基于文旅融合的链条式育人机制探索与实践"等3个新文科项目，卓越工程师、卓越法治人才

续表

民族院校排名	学校名称	全国排名	星级排名	办学层次	主管部门	所在地	新文科项目和卓越计划
5	北方民族大学	198	2星级	区域高水平大学	国家民委	宁夏	新文科背景下民族高校商科专业融合创新人才培养模式研究，卓越工程师、卓越法治人才
6	西北民族大学	219	4星级	中国高水平大学	国家民委	甘肃	"新闻学卓越班复合型人才培养创新与实践""新文科背景下民族学专业的改造提升改革与实践研究"等3个新文科项目，卓越新闻传播人才、卓越农林人才
7	青海民族大学	219	2星级	区域高水平大学	青海省	青海	新文科背景下外语学科专业建设和创新，新增"金融科技"新文科试点专业，卓越法治人才培养、卓越网络工程师培养
8	广西民族大学	223	4星级	中国高水平大学	广西壮族自治区	广西	构建新时代边疆民族地区汉语言文学专业拔尖创新人才培养模式，中文类专业新文科教育教学，卓越写作人才、卓越广告人才
9	西藏民族大学	231	2星级	区域高水平大学	西藏自治区	西藏	"服务国家治藏方略的新文科拔尖人才培养创新模式改革与实践"获新文科项目立项，探索新文科背景下西藏高校写作类课程群建设，卓越医生教育培养计划试点
10	内蒙古民族大学	236	3星级	区域一流大学	内蒙古自治区	内蒙古	中国少数民族汉语言文学"专业综合改革试点"建设项目，新设"中医学"和"助产学"专业，卓越医生（中医）教育培养计划
11	贵州民族大学	280	2星级	区域高水平大学	贵州省	贵州	成立"新文科数字社会学实验班"，探索新文科背景下民语专业建设与民汉双语人才培养，卓越法治人才教育

续表

民族院校排名	学校名称	全国排名	星级排名	办学层次	主管部门	所在地	新文科项目和卓越计划
12	湖北民族大学	291	2星级	区域高水平大学	湖北省	湖北	人工智能时代新文科跨界融合探索，培养应用型创新新闻人才，卓越农林人才教育，卓越（中医）教育培养
13	大连民族大学	390	3星级	区域一流大学	国家民委	辽宁	数字经济背景下应用型商科专业改造提升改革与实践，卓越工程师
14	黔东南民族职业技术学校	430	3星级	区域一流高职院校	贵州省	贵州	"3+"三年制专科临床医学人才培养模式改革试点，新增"学前教育"专业，卓越医生教育培养计划
15	四川民族学院	472	2星级	区域高水平大学	四川省	四川	卓越法治人才，卓越农林人才
16	呼和浩特民族学院	483	2星级	区域高水平大学	内蒙古自治区	内蒙古	多语言资源新文科实验室，卓越农林人才
17	黔南民族师范学院	491	1星级	区域知名大学	贵州省	贵州	新文科背景下民族高校体育专业篮球专选课教学，新文科建设背景下高等院校的艺术学科民族化发展路径，民族地区卓越经管人才培养
18	河北民族师范学院	559	1星级	区域知名大学	河北省	河北	融媒体创新能力实验班，产教融合创新实验项目，卓越教师（中小学）培养计划

续表

民族院校排名	学校名称	全国排名	星级排名	办学层次	主管部门	所在地	新文科项目和卓越计划
19	湖南民族职业学院	560	3星级	中国一流高职院校	湖南省	湖南	商务英语为省改革试点师范专业，卓越工程人才培养
20	黔南民族职业技术学院	567	3星级	区域高水平高职院校	贵州省	贵州	设立了互联网营销学院、都匀毛尖茶学院，将茶旅一体化专业、互联网营销专业打造成为学院特色专业
21	黑龙江民族职业学院	640	2星级	区域高水平高职院校	黑龙江省	黑龙江	省卓越农业人才教育培养
22	右江民族医学院	724	1星级	区域知名大学	广西壮族自治区	广西	探索新文科背景下医学院校大数据管理与应用专业人才培养，卓越医生教育培养计划
23	广西民族师范学院	735	1星级	区域知名大学	广西壮族自治区	广西	"'财产哲学'跨学科新课程建设研究与实践"项目，以新文科建设助力商务英语复合型人才培养，新文科背景下体育人文社会学本科人才培养的研究和实践，卓越新闻人才，卓越教师培养
24	兴义民族师范学院	790	1星级	区域知名大学	贵州省	贵州	打造"中国古代地图编绘与识读"新文科课程融合教学实践课堂，开展跨学院、跨专业"新文科课程融合教学"实践

续表

民族院校排名	学校名称	全国排名	星级排名	办学层次	主管部门	所在地	新文科项目和卓越计划
25	甘肃民族师范学院	797	1星级	区域知名大学	甘肃省	甘肃	融通人文社科基础设施建设，打造一体化"新文科"孵化基地，新文科视野下教师教育类课程"信息化教学及其环境应用"一流课程建设实践
26	广西民族大学相思湖学院	924	无	无	广西壮族自治区	广西	新文科背景下民办高校新闻传播"三双"育人新机制研究与实践，新文科建设背景下数智财经人才创新能力提升实践探索，新文科视域下民办高校卓越新闻传播人才培养研究与实践
27	内蒙古民族幼儿师范高等专科学校	947	无	无	内蒙古自治区	内蒙古	教育部卓越幼儿园教师培养计划改革

（数据来源：2023年全国民族类大学最新排名，卓越计划和新文科一栏来源于各个院校的官方网站，略有改动。）

附录六

民族院校培养目标、培养模式、核心课程及就业方向

民族院校	隶属学院	组建时间/年	师资力量/人	院训	培养目标	特色培养模式	培养类别	核心课程	就业方向
中央民族大学	管理学院	2002	69	无	适应经济社会发展和人的全面发展需要，掌握具有高度公共责任感和公共服务精神的基本知识和技能	按类招生，打通培养	应用型、学术型	公共管理学、中国政府与政治、社会科学方法论、公共部门人力资源管理、政府经济学、公共组织理论与管理、公共政策分析、公共部门绩效管理等	党政机关、事业单位、社会组织、企业、大学和研究咨询机构

续表

民族院校	隶属学院	组建时间/年	师资力量/人	院训	培养目标	特色培养模式	培养类别	核心课程	就业方向
中南民族大学	公共管理学院	2005	46	慎思笃行，厚德为公	培养具备现代政府管理理论、技术与方法等方面知识，能在政府机构、企事业单位、社会团体从事管理工作及科研工作的高级专业人才	西部少数民族卓越行政管理	应用型、学术型	行政管理学、公共经济学、公共管理研究方法、公共管理案例分析、电子政务、西方行政学说史、行政法与行政诉讼法、行政组织学、公共部门人力资源管理、比较行政体制等	在政府机构、企事业单位、社会团体从事管理工作及科研工作
云南民族大学	政治与公共管理学院	1951	48	政治惟正，管理为公	培养具备现代公共精神和扎实的管理学、政治学、行政学和法学基本理论素养、专业基础知识和行政管理基本技能，具备较强的实践能力和创新能力，熟悉党和国家行政管理方针、政策和法规的复合型高级专门人才	无	应用型、学术型	管理学原理、政治学原理、公共管理学、行政管理学、法学概论、宪法与行政法、公共经济学、公共政策学、公共组织学、公共部门人力资源管理等	在各级党政机关、企事业单位、社会团体、科研机构和学校从事研究和教学工作

续表

民族院校	隶属学院	组建时间/年	师资力量/人	院训	培养目标	特色培养模式	培养类别	核心课程	就业方向
西南民族大学	公共管理学院	2020	30	大道至公，和合与共	培养具有人文精神、诚信品质和科学素养，掌握现代行政管理理论和方法，熟悉相关法律、法规和政策，具备行政管理的组织、协调能力，能够胜任党政机关、企事业单位及社会团体相关工作的高素质复合型人才	"二为"培养模式	应用型、学术型	政治学原理、社会学概论、公共管理学、宪法与行政法、公共经济学、公共政策学、行政组织学、市政学、公共部门人力资源管理等	在党政机关、企事业单位和社会团体从事公共事务策划、行政协调以及秘书、档案、人事管理等工作
广西民族大学	政治与公共管理学院	2016	46	博学笃行，养正致公	培养具有管理学、政治学、经济学、法学、社会学诸学科知识背景和坚实的行政管理理论基础，能在各级党政机关、企事业单位、社会团体从事公共管理的应用型管理人才	分政府管理、城市管理两个方向培养	应用型、学术型	管理学原理、政治学、行政管理学、微观经济学、宏观经济学、社会学、管理信息系统、公共政策学、人力资源开发与管理、行政法学、领导科学、公共关系学、国家公务员制度、公文写作、社会调查理论与方法、因特网应用技术等	从事党政机关、企事业单位、教学科研等工作的应用型、复合型人才

续表

民族院校	隶属学院	组建时间/年	师资力量/人	院训	培养目标	特色培养模式	培养类别	核心课程	就业方向
西北民族大学	管理学院	2008	74	无	培养德、智、体、美全面发展，具有一定马克思主义理论素养和现代公共精神，具备现代公共管理理论、技术与方法等方面知识以及应用这些知识的能力的复合型人才	无	应用型、学术型	政治学原理、管理学原理、行政管理学、宪法与行政法、公共经济学、公共政策学、行政组织学、公共部门人力资源管理等	在文化、体育、卫生、环保、社会保障、公用行业以及行政管理部门、非政府部门等公共部门从事业务管理和综合管理工作
青海民族大学	政治与公共管理学院	2005	42	无	培养德、智、体、美全面发展的、政治素质过硬的、具有一定现代管理理论素养、基本公共服务精神和包容性的良好品质，系统掌握行政管理理论、方法与技能的复合型应用人才	扎根青藏高原，服务民族地区	应用型	行政管理学、公共政策学、政府经济学、行政法学、电子政务、人力资源管理、地方政府学、公务员制度概论等	从事党政机关、社会团体、社区和企事业单位行政岗位、政策研究、宣传策划、人事管理、社会工作、行政秘书、应急管理等

续表

民族院校	隶属学院	组建时间/年	师资力量/人	院训	培养目标	特色培养模式	培养类别	核心课程	就业方向
贵州民族大学	政治与经济管理学院	2021	109	无	培养具备马克思主义理论素养和行政管理基本理论、专业知识和基本技能，能在各级各类机关、企事业单位、社会团体或学校等部门从事管理工作和教学科研工作的专门人才	以"三重两突出"为特色的人才培养模式	应用型、学术型	政治学原理、管理学原理、公共行政学、公共政策概论、社会学、比较政治制度、行政法学、电子政务、公共经济学、市政管理学等	在各级各类机关、企事业单位、社会团体或学校等部门从事管理工作和教学科研工作
北方民族大学	管理学院	2006	34	无	培养掌握扎实现代行政管理理论基础，具备较强社会实践能力和创新精神，具备深厚民族文化底蕴和公共领导力的应用型行政管理人才	"四个融通"的培养模式	应用型	管理学、行政管理学、微观经济学、宏观经济学、组织行为学、人力资源开发与管理、政治学、公共经济学、公共政策学、西方政治思想史、管理学名著导读、行政法学、国家公务员制度、申论、行政职业能力测试、电子政务、公共领导力、公共谈判、会务会展和广告学等	在党政机关、企事业单位、基层社区、非营利组织及其他社会团体从事公共行政、社会管理、市场监管、文秘服务等工作

续表

民族院校	隶属学院	组建时间/年	师资力量/人	院训	培养目标	特色培养模式	培养类别	核心课程	就业方向
西藏民族大学	管理学院	2002	56	无	培养德、智、体、美、劳全面发展，具备较为系统、扎实的行政管理专业基础知识和现代行政管理创新理念，具有维护民族团结、反对民族分裂的坚定政治意识和能力，能够适应民族地区实现经济社会持续健康发展和长治久安所需要的技能型实用型专门人才	无	应用型、学术型	管理学原理、政治学原理、行政管理学、公共政策学、行政组织学、政府经济学、公共部门人力资源管理、电子政务等	在民族地区党政机关、企事业单位、社会团体从事相关管理工作以及科研工作
大连民族大学	经济管理学院	1993	70	无	培养具有一定的马克思主义理论素养和现代公共精神，具有较高的综合素质与创新能力，掌握民族理论与民族政策、行政管理领域的基础理论知识和专业技能，适应社会发展需要、德才兼备的复合型、应用型人才	无	应用型、学术型	政治学原理、管理学原理、行政管理学、宪法与行政法、政府经济学、公共政策学、公共管理学、行政组织学、公共部门人力资源管理、电子政务理论与实验等	能胜任民族地区党政机关、企事业单位和社会团体的管理及科研工作

附录六 民族院校培养目标、培养模式、核心课程及就业方向

续表

民族院校	隶属学院	组建时间/年	师资力量/人	院训	培养目标	特色培养模式	培养类别	核心课程	就业方向
内蒙古民族大学	管理学院	2020	63	博文雅志，守正笃行	培养适应当代社会发展需要，德、智、体、美等方面和谐发展，具备行政学、管理学、政治学、法学、社会学、经济学等多方面知识和较强实践能力的复合型、应用型人才	无	应用型、学术型	行政学原理、管理学原理、政治学原理、当代中国政治制度、比较政治制度、法学概论、社会学概论、政府经济学、行政组织学、地方政府学、市政学、公共政策、人力资源开发与管理、行政法学、管理心理学等	在党政机关、企事业单位、社会团体从事管理工作及有关行政管理的教学与科研工作
湖北民族大学	法学院	2010	53	立德树人，德法兼修	主要培养适应现代社会需要、服务于民族地区及其他区域经济社会发展，面向政府机关、企事业单位、社会团体的行政管理部门，掌握行政管理和一般管理的系统理论和方法，具备现代管理理念和服务意识的应用型、复合型人才	无	应用型	管理学、行政管理学、政治学原理、行政法与行政诉讼法、市政管理学、行政领导科学、公共政策学、行政组织学、行政伦理学、电子政务等	政府机关、企事业单位、社会团体的行政管理部门

续表

民族院校	隶属学院	组建时间/年	师资力量/人	院训	培养目标	特色培养模式	培养类别	核心课程	就业方向
四川民族学院	经济与管理学院	1986	39	无	培养德、智、体、美全面发展，掌握中外行政管理理论，具备行政学、管理学、政治学、法学等方面知识，专业基础扎实，熟悉国家民族政策，适应民族地区（特别是藏区）经济社会发展需要的应用型人才	无	应用型	管理学原理、公共行政学、政治学原理、当代中国政治制度、电子政务、市政管理学、公共政策学、秘书学、行政领导学、公文写作与处理等	政府机关、企事业单位、社会团体的行政管理部门
呼和浩特民族学院	公共管理学院	1989	23	无	培养具有较强的社会实践能力和创新精神，用蒙汉两种语言文字从事行政管理、人事管理、民族宗教事务管理、行政文秘与公文写作及会务等工作的复合型人才	无	应用型	政治学原理、管理学原理、行政管理学、法学概论、政府经济学、公共政策学、组织行为学、人力资源管理等	在党政机关、社会组织和企事业单位从事管理工作

附录六　民族院校培养目标、培养模式、核心课程及就业方向

续表

民族院校	隶属学院	组建时间/年	师资力量/人	院训	培养目标	特色培养模式	培养类别	核心课程	就业方向
右江民族医学院	公共卫生与管理学院	2012	48	无	培养具有创新精神、岗位胜任能力和科研能力，适应现代卫生事业管理和保险行业职业化发展要求的"精于管理、诚于为人、能于治事、善于研学"的高级应用型人才	无	应用型	管理学基础、经济学基础、公共管理学、财政学、卫生事业管理学、医院管理学、卫生信息管理系统、卫生数据分析实务、应用文写作、管理文秘等	在党政机关、社会组织和企事业单位或高等院校从事管理工作
广西民族师范学院	政治与公共管理学院	1993	41	思正行端，崇真尚公	培养掌握现代行政管理基本理论和基础知识，具有较高政治理论素养和较强的组织、管理、经营、策划（决策）、调研、协调能力，能在党政机关、企事业单位、社会团体从事管理工作的专门人才	无	应用型	管理学原理、行政管理学、政治学原理、当代中国政治制度、公共政策学、行政法学、行政领导学、组织行为学、政府经济学、电子政务、国家公务员制度、人力资源开发与管理、社会调查与统计、机关管理与办公自动化等	在各类政府机关、企事业单位、社会团体的行政管理部门从事管理工作

续表

民族院校	隶属学院	组建时间/年	师资力量/人	院训	培养目标	特色培养模式	培养类别	核心课程	就业方向
黔南民族师范学院	经济与管理学院	2015	58	崇德尚实，经世厚生	培养德、智、体、美全面发展，掌握行政管理的基本理论、业务技能和基本知识，熟悉行政管理政策法规，具备从事行政管理所需的组织计划、沟通协调、决策控制等基本能力，具有良好的政治素养、职业道德和求真务实精神，能在党政机关、企事业单位、社会团体从事管理工作的应用型专门人才	无	应用型	管理学、管理心理学、行政管理学、法学概论、行政法学、政治学原理、社会学、政府经济学、市政管理学、公共政策学、人力资源管理学、财务管理学、电子政务、公共危机管理、社会保障学等	在各类国家机关、事业单位、企业、社会团体中从事行政管理工作，在各类组织中从事科学研究工作，在职业院校中从事教学工作

续表

民族院校	隶属学院	组建时间/年	师资力量/人	院训	培养目标	特色培养模式	培养类别	核心课程	就业方向
河北民族师范学院	北雁商学院	2016	41	无	坚持立德树人根本任务，适应区域经济社会发展需求，具备深厚的人文情怀和较强的职业责任感，扎实的现代人力资源管理理论知识，掌握选、育、用、留基本技能，具有创新精神和职业发展能力，能够在中小型企事业单位胜任培训、劳动关系处理等工作的高素质应用型人才	无	应用型	中级人力资源管理、人员素质测评、工作分析与设计、组织理论分析与设计、招聘与录用管理、战略性绩效管理、薪酬管理、培训与开发管理、劳动关系管理、管理信息系统等	在各类国家机关、事业单位、企业、社会团体中从事行政管理工作

（数据来源：各个民族院校官方网站中的本科培养方案，略有改动。）

后记

本书经过近 4 年时间，在研究团队和学生团队的通力合作下，最终得以完成。在书稿的构思和理论框架方面，感谢吴开松院长和方付建教授的帮助。在公共管理人才培养理论与实践的案例收集、资料整理中，感谢研究团队的陆星雨、姚雨彤、潘雪樱、杨梦婷、黄玉蝶等研究生和本科生的积极参与，感谢新青年班的周璇、聂益洋、钟佳彧、廖嘉盈等同学，他们在书稿完成中付出了很多心血。

民族院校有 70% 以上的学生来自中西部地区，民族高校在服务国家战略和民族团结进步事业中，面临中西部不同地区的学生间教育基础和文化背景的差异大，在人才培养中也面临较大挑战。因此，民族院校需要在新文科背景下将高等教育人才培养普遍规律与民族院校人才培养特殊规律有机结合，以铸牢中华民族共同体意识为主线，培养服务国家"一带一路"倡议的国际化人才，探索"政治素质过硬（党建引领）-铸牢中华民族共同体意识（铸牢主线）-国际视野拓展（本土国际化）-政经管法融合（学科交叉）-专业能力提升（三力三业）"的公共管理人才培养模式。本书介绍了新文科背景下民族院校公共管理人才培养的背景和意义，并分析民族院校行政管理专业的建设现状，进一步从课程建设、教材建设、实习实践等方面介绍民族院校公共管理人才培养情况，最后深入分析中南民族大学的改革案例，并在新文科背景下思考未来民族院校公共管理人才培养的走向。

感谢我的爱人、女儿和儿子，感谢我的公公婆婆和父亲母亲，没有他们在背后的关心和支持，我不可能安心完成这一成果，感谢他们一直以来无微不至的关心以及全心全意的支持。我还要感谢华中科技大学出版社张馨芳编辑等对本书出版的大力支持，他们从具体文字到版式安排，再到封面设计与选择，都一丝不苟，他们细致而专业的编辑工作不但完善了本书的细节，还为本书增色良多。

作 者

2024 年 3 月